VOYAIGE

DU

SEIGNEUR DE CAUMONT

VOYAIGE D'OULTREMER

EN

JHÉRUSALEM

PAR LE SEIGNEUR DE CAUMONT

L'AN M CCCC XVIII

Publié pour la première fois d'après le manuscrit du Musée britannique

Par le Marquis DE LA GRANGE

MEMBRE DE L'INSTITUT

A PARIS

CHEZ AUGUSTE AUBRY

L'un des Libraires de la Société des Bibliophiles françois

RUE DAUPHINE, N° 16

—

M DCCC LVIII

INTRODUCTION.

—

Le P. Anselme avait annoncé (1) l'existence de deux ouvrages jusqu'alors inconnus : le premier était *une Instruction*, *en vers françois*, *d'un père à ses enfants*, et il l'attribuait à Guillaume Raimond II, seigneur de Caumont; le second, *un Voyage à la Terre Sainte*, et Nompar II, seigneur de Caumont et fils de Guillaume Raimond II, devait l'avoir écrit en quatrains moraux.

Les quatrains moraux qui ne se rapportent point au voyage de la terre sainte, mais qui sont des *Dits et Enseignemens* d'un seigneur de Caumont à l'usage de ses enfants, ont été retrouvés à Périgueux. M. Galy, bibliothécaire de cette ville, les a reconnus dans le *Livre Caumont*, manuscrit enlevé d'abord au château de la Force, envoyé ensuite à l'école centrale de la Dordogne, transféré enfin, en 1797, par ordre du ministre de l'intérieur, au chef-lieu du département.

En 1845, M. Galy publia le *Livre Caumont* (2); il y joignit une

---

(1) Histoire généalogique et chronologique des pairs de France, t. IV, p. 470.

(2) Le *Livre Caumont*, où sont contenus les *Dits et Enseignemens* du seigneur de Caumont, composés pour ses enfans, l'an mil quatre cent xvi. *Paris*, Techener, M. D. CCC. XLV. Gr. in-8 (tiré à cent exemplaires).

introduction et l'enrichit d'un fac-simile et d'un fort bon glossaire.

Voici le prologue du poëte :

« Troys choses sont que Caumont a guardé :
« Premièrement, à s'amye chasteté ;
« Prendre don de nalh home qui soit ;
« Ne soy armer encontre où il ne doit.
« Si avises se saves nulhemant
« Qui est celluy que ensemble n'aye tant?

« CAUMONT ME FIST.

« FERM CAUMONT. »

Citons encore un extrait de la préface en prose ; elle est d'une naïveté charmante :

« En l'an que l'on contoit mil quatre cens et XVI, et le premier jour de may, je, le seigneur de Caumont, estant de l'aage de XXV ans, me estoie en ung beau jardin de fleurs où il avoit foyson de oiseaux qui chantoient de beaux et gracieux chans, et en pluseurs de manières, don ils me feirent resjouir, si que, emprès, je fuy tant en pansant sur le fait de cest monde, que je veoye moult soutil et incliné à maul fère, et que tout ce estoit néant, à comparer à l'autre qui dure sans fin.....

« Et lors il me va souvenir de mes petits enfants qui sont jeunes et ignocens, lesquelx je voudroie que à bien et honneur tournassent, et bon cuer eussent, ainxi comme père doit vouloir de ces filz. Et parce que, selon nature, ils doyvent vivre plus que moy, et que je ne leur pourroie pas enseigner ne endoctriner, car il faudra que je laisse cest monde, comme lez autres, me suis pansé que je leur feisse et laissasse, tantdis que je y suys, ung livre de ensenhemens, pour leur démonstrer comment ilz se devront gouverner, selon se que est à ma semblance. Et leur ay fait cest petit livre, nommé CAUMONT, où il y a deux cents enseignemens de mon entendement, fait pour lez conregir, en lieu de moy, quant je n'i seray, ont pourront avoir pluseurs doctrines que je leur ay mis per escrip; afin que, quant ilz seront grans et auront conoyssance, voient comment se doivent régir pour atquerre bien et honneur en cest monde, et pour eschiver ycelles diverses peines susdictes en l'autre, si parfaictement le veulent croyre et entendre... »

Cette préface nous apprend donc qu'un seigneur de Caumont, âgé de vingt-cinq ans le 1er mai 1416, a écrit les *Dits et Enseignemens* pour ses enfants alors en bas âge ; aucun prénom d'ailleurs, aucune autre indication qui pût désigner plus particulièrement l'auteur. M. Galy, dans l'incertitude où il se trouvait, s'est appuyé de l'autorité du P. Anselme, en attribuant les poésies à Guillaume Raimond II, fils de Nompar 1er, seigneur de Caumont, et de Magne de Castelnau.

Voilà donc l'histoire du *Livre Caumont* ; si nous nous y sommes arrêté quelques instants, c'est qu'elle se rattache étroitement à celle du volume que nous publions aujourd'hui.

Disons d'abord comment il nous a été révélé :

Tandis que M. Galy s'occupait avec une sollicitude si éclairée de la publication du manuscrit de Bergerac, M. Delpit, chargé par le ministre de l'instruction publique d'une mission en Angleterre, découvrit au *British Museum*, le manuscrit d'un autre *Livre Caumont*, dont il voulut bien me rapporter un spécimen.

En 1851, je vérifiai moi-même, à Londres, les indications qui m'avaient été données.

Ce manuscrit du Musée britannique, catalogué au fonds Egerton, 890, fol. 2, forme un volume in-quarto de cent trente-deux feuillets en papier ; il avait fait partie de la bibliothèque Lamoignon, où il était entré des archives du château de la Force, après le mariage de la fille du garde des sceaux Lamoignon avec le feu duc de la Force ; il porte encore sur un feuillet de garde la note imprimée : *Bibliotheca Lamoniana. N.* Vendu par le marquis de Basville, au moment de la Révolution, il était resté en France jusqu'en 1840 ; M. Moore l'acheta alors, dans une vente publique, au prix de 80 fr., pour le compte de M. Thomas Rodd, libraire de Londres, dont il était l'agent à Paris.

Quel est le bibliophile, le numismate ou l'antiquaire qui n'a pas connu M. Moore, ce pourchasseur de manuscrits, de médailles et d'antiquités ? ce savant original qui, expédié des bords de la Tamise pour assister à une vente de livres, est resté trente ans dans un petit hôtel de la rue des Bons-Enfants, toujours se disposant à partir, mais retenu toujours par l'appât de quelques raretés qu'il parvenait à faire passer en Angleterre, jusqu'à ce qu'enfin il est mort dans cette même chambre, où, défaisant sa malle le matin et la refaisant le soir, il avait vieilli sans s'en douter, au milieu de ses préoccupations archéologiques!

Le *Livre Caumont* du Musée britannique commence et finit, ainsi que le manuscrit de Bergerac, par la devise : *Ferm. Caumont.*

Puis suit une sorte de table des matières rédigée par l'auteur lui-même; il s'exprime ainsi :

« C'est le livre que, je, le seigneur de Caumont, ay fait ou voyaige d'oultremer en Jhérusalem et ou fleuve Jourdeyn où sont compris les royaumes..... »

Viennent ensuite sous la forme d'*item* et comme autant de chapitres, toutes les divisions de l'ouvrage; après celles qui se rapportent au voyage d'outremer, on trouve encore celles-ci :

« ITEM, ung autre voyaige que je fis à Monseigneur saint Jaques et à Nostre-Dame de Finibus terre (1). »

« ITEM, ung autre romans que je fis d'enseignemens. »

Ce dernier *item* reproduit textuellement et intégralement le manuscrit de Bergerac, les *Dits et Enseignemens,* en vers, d'un père à ses enfants.

Leur auteur est donc le même que celui du voyage à Jérusalem, et du pèlerinage à Saint-Jacques de Compostelle. Le manuscrit de Bergerac n'était qu'une partie du *Livre Caumont,* le manuscrit de Londres est le *Livre Caumont* tout entier; leur unique auteur a composé les quatrains moraux pour ses enfants en 1416; il a été à Compostelle en 1417, et à Jérusalem en 1418 et 1419.

_____

(1) Finisterre, cap de Galice.

Maintenant le voyage d'outremer contient-il quelques renseignements nouveaux qui nous fassent connaître plus particulièrement le seigneur de Caumont?

L'auteur se désigne lui-même comme Nompar (1), seigneur de Caumont, de Castelnau (2), de Castelculier (3) et de Berbiguières (4).

La maison de Caumont se divisait alors en deux branches, toutes deux également puissantes : la branche aînée et celle des Lauzun; le nom de Nompar leur était commun.

A laquelle de ces deux branches appartenait le pèlerin de Jérusalem? Il nous apprend encore lui-même qu'il était de la branche aînée; en effet, lorsqu'il fait arborer sa bannière dans l'église du Saint-Sépulcre, à côté de celle du roi d'Angleterre, il décrit ainsi ses armes (5) : *d'azur à trois léopards d'or, onglés de gueules, et couronnés d'or;* tandis que la branche cadette des Caumont, seigneurs de Lauzun, portait : *tiercé en bande, d'or, de gueules et d'azur.*

La maison de Caumont éprouva bien des vicissitudes pendant les longues guerres des Anglais et des Français ; la possession de plusieurs places et forteresses en Agenais, en Périgord et en Bazadais, entraînait fatalement les seigneurs de Caumont à suivre le parti du plus fort ; mais comme les chances de la guerre tournaient souvent, ils en subissaient les conséquences : leurs terres étaient ravagées, leurs villes occupées, leurs biens confisqués, lorsqu'ils se trouvaient du côté des vaincus ; aussi, pendant tout le quatorzième siècle et pendant la première moitié du quinzième, les voit-on tour à tour se ranger sous les bannières de France et d'Angleterre. Si même ils n'étaient pas engagés dans ces grandes luttes, ils se trouvaient obligés de prendre parti dans les querelles continuelles qui divisaient les

---

(1) Nomper, p. 8 ; Noper, p. 17 ; Nonper, p. 51 ; Nopar, p. 142.

(2) Chastelneuf, Chastelnnef, en Périgord, p. 13, 17, 51.

(3) Châteaucullier, en Agenois, p. 17, 51.

(4) Berbeguières, en Périgord, p. 1, 13, 17, 51.

(5) Page 52.

maisons de Foix, d'Albret et d'Armagnac, unies à la maison de Caumont par de nombreuses alliances.

Nompar II, seigneur de Caumont, l'auteur des *Dits et Enseignemens*, le pèlerin de Saint-Jacques de Compostelle et de la terre sainte, offre un exemple frappant des malheurs qui ont affligé sa maison; il était né en 1391. Son père, Guillaume Raimond II, seigneur de Caumont, avait suivi le parti des Anglais; il rentra dans l'obéissance du roi Charles VI, par un traité conclu avec Bernard, comte d'Armagnac, en 1405. Elevé chez le comte de Foix, son cousin, Nompar se maria jeune; car, à l'âge de vingt-cinq ans, il était père de plusieurs enfants; le nom de sa première femme ne nous a point été conservé; mais les sentiments qu'il manifeste pour elle et sa préoccupation constante pour ses petits-enfants révèlent en lui les affections les plus douces et le respect de ses devoirs. Déjà, en 1416, indigné des crimes et des désordres de son temps, il avait cherché à se distraire, par la poésie, des tristes réalités qu'il avait sous les yeux; il demanda ensuite à la religion les consolations que lui refusaient les délassements de l'esprit. En 1417, il alla à Compostelle; en 1418, il entreprit le voyage de Jérusalem et voulut visiter, en humble pèlerin, pour accomplir un vœu de son père, ces champs de bataille d'Orient, où, plus de trois siècles auparavant, ses ancêtres, accompagnant Pierre l'Hermite et Godefroy de Bouillon, s'étaient signalés par des exploits dont les trouvères avaient perpétué la mémoire dans leurs chansons de gestes (1).

Avant de partir, le seigneur de Caumont notifie ses ordonnances en sa terre, afin que son peuple connaisse ses volontés :

---

(1) Voir la *Chanson d'Antioche*, publiée par M. Paulin, Paris, Techner, 1848, 2 vol.;—Galo ou Calo de Caumont au siége de Nicée, t. Ier, p. 100;—se signale au dernier combat d'Antioche, t. II, p. 100; — Richard de Caumont, ses exploits, t. Ier, p. 20, 29, 30, 37, 38, 39, 43, 46. 48.

Le *Chevalier au Cygne* et *Godefroy de Bouillon*, publiés par MM. de Reiffenberg et Borgnet, Bruxelles, Hayez, 1846, 1848 et 1854, 3 vol. in-4°; sont remplis des aventures, de la captivité et des hauts faits de Richard de Caumont.

Baudouin de Sébourc, Valenciennes, B. Henry, 1841, 2 vol. in-8°. — Voir les prouesses et la mort de Richard de Caumont, t. II, p. 276-289; 296, 424, 444 et 448.

il règle tout ce qui doit se faire en son absence; il recommande sa femme et ses enfants à la loyauté de ses vassaux; il compte sur leur fidélité et les en récompensera : il prévoit les dissensions qui pourraient s'élever parmi eux, et y pourvoit. Il demande au clergé des prières publiques pour le succès de son voyage, et de le recommander au prône tous les dimanches; il prie toutes les femmes de ses terres de dire pour lui, chaque samedi, sept fois l'*Ave*, *Maria!* En cas de mort, il désigne son fils aîné Nompar, ou à son défaut, son second fils, pour son héritier universel. Il défend de croire la nouvelle de sa mort avant qu'elle ne soit prouvée, et un an seulement après qu'elle aura été annoncée.

Il laisse sa femme et ses enfants au gouvernement de son cousin, le comte de Foix, et charge de le seconder son bel oncle Arnaud de Caumont et son bien-aimé écuyer Galhardet de Tozens; enfin, après avoir indiqué toutes les mesures à prendre pour maintenir la paix sur ses terres, et pour la conservation de ses places, châteaux et forteresses, il remercie ses sujets de l'affection qu'ils lui ont témoignée, ainsi que de leurs sacrifices pour l'assister dans son voyage, et les prie de lui pardonner s'il a fait quelque chose qui leur déplaise, comme il leur pardonne lui-même, de bon cœur, ce qu'ils peuvent avoir commis contre lui.

Après avoir pourvu à son absence, le seigneur de Caumont règle, par une convention particulière, les obligations que contractent envers lui ceux de ses écuyers qui doivent l'accompagner dans son voyage, et les engagements qu'il prend lui-même vis-à-vis d'eux.

Ses écuyers jurent sur les saints Evangiles de le servir loyalement, sain et malade, sans y rien épargner, et de ne point le quitter tant qu'il vivra; ils s'obligent, en cas de querelle entre eux, à se demander pardon les uns aux autres, et à renoncer à tout mauvais dessein.

De son côté, le seigneur de Caumont jure de ne jamais les quitter, si ce n'est en cas de mort ou bien de quelque grave maladie qui pourrait faire manquer son voyage, et alors il s'engage à leur fournir les moyens de se guérir et d'assurer leur retour.

S'ils tombaient malades en revenant, la mort seule pourrait les séparer.

Les écuyers restant sur ses terres assistent à ce contrat pour le valider par leur témoignage.

Sous le titre de Prologue du voyage, le seigneur de Caumont se livre à des considérations remontant jusqu'à la création du monde, et corroborées par de nombreux passages de l'Ecriture sainte : tout vient de Dieu, nous ne pouvons trop faire pour lui, les biens de ce monde sont périssables, la mort surprend, l'enfer menace, nous devons donc nous tenir prêts et tâcher d'entrer au royaume céleste ; pour cela il faut se séparer du mal, jeûner et faire l'aumône ; il conclut en priant celles et ceux qui liront ce livre, de dire leur chapelet pour le repos de son âme.

ANALYSE DU VOYAGE.

Parti de Caumont, le 27 février 1418, Nompar II se rend, par Agen et Toulouse, à Castelnaudary. Son intention était de prendre la route de Venise ; mais le comte de Foix, qu'il rencontre à Saint-Martin, le détermine à s'embarquer à Barcelone. Après un temps d'arrêt à Majorque, il traverse le golfe de Crète et l'archipel Grec, puis arrive à Candie.

A Rhodes, il trouve un jeune chevalier de grande lignée, du royaume de Navarre ; et comme il avait besoin d'un chevalier qui lui conférât, au saint sépulcre, l'ordre de chevalerie, il l'emmène avec lui à Jérusalem. Côtoyant les rivages de l'île de Chypre et de la Turquie d'Asie, ils abordent à Jaffa. Le consul des chrétiens et un des frères mineurs, gardiens du saint sépulcre, apportent au seigneur de Caumont un sauf-conduit du soudan de Babylone. Il débarque alors et, sous l'escorte d'un officier turc et de ses soldats, il se rend à Jérusalem. Arrivé à l'antique Lydda, il fait célébrer une messe en l'honneur de saint Georges, sur le lieu même de son martyre, en présence des Sarrasins, qui se moquaient de sa dévotion. Il descend à Jérusalem dans une grande hôtellerie située en face de l'église ; là, les frères mineurs viennent le prendre à minuit, et le mènent, à la lueur des torches, visiter les lieux saints; admis enfin dans l'église du Saint-Sépulcre, il y est reçu chevalier, après avoir prêté le serment d'usage. Il visite ensuite la terre de Judée, le désert de Jéricho, le fleuve Jourdain; enfin, il décrit tous les pèlerinages de la terre sainte et les indulgences attachées à l'accomplissement de chacun d'eux.

En commémoration de son voyage, le seigneur de Caumont, de retour à Jérusalem, institue un ordre de chevalerie qui avait pour marque distinctive une écharpe d'azur, sur laquelle se trouvait un écu dont le champ était blanc et chargé d'une croix vermeille, allusion à la passion de Notre Seigneur, et en l'honneur de saint Georges, et au haut de l'écu était écrit : FERM.

A la mort d'un chevalier de l'Echarpe, tous les autres devaient faire chanter trois messes ; mais le seigneur de Caumont devait faire chanter vingt messes, et si un chevalier perdait son héritage, il était tenu de lui donner de quoi s'entretenir conformément à son rang.

Retrouvant à Jaffa son navire qui l'attendait, notre pèlerin fait voile pour Chypre; il débarque à Famagouste et se rend par terre à Nicosie, où il visite le roi Jean II, de Lusignan ; puis, longeant les côtes de l'Asie-Mineure, il revient passer deux mois à Rhodes; il traverse ensuite l'Archipel, touche, au cap Saint-Ange, la Morée qu'il cotoye jusqu'à Modon; de là il veut se diriger vers la Sicile; mais, devant Navarin, des vents contraires le ramènent à Modon. Balloté par les tempêtes dans le golfe de Crête, il court les plus grands dangers. La foudre brise le grand mât de son navire et y met le feu. Le seigneur de Caumont adresse un vœu à la sainte Vierge : le feu s'éteint soudain et le calme renaît.

Il arrive en vue de Syracuse et croit entrer au port : une nouvelle tourmente le rejette sur les côtes de Calabre et l'entraîne vers Messine sans qu'il puisse y aborder; enfin, après de continuelles péripéties, les vents le repoussent à Syracuse, où il s'arrête pour réparer les avaries du navire, et il adresse à la sainte Vierge une oraison de gratitude.

Un mois après, il s'embarque pour la Sardaigne; il suit la côte de Sicile jusqu'à Messine, mais là il ne peut franchir le détroit;

les vents le refoulent jusqu'au cap Passaro, une furieuse tempête s'élève et menace de l'engloutir; mais, préservé miraculeusement par saint Elme, il réussit à se réfugier au port de Palo. Dégoûté d'une navigation si hasardeuse et qui devait le devenir encore davantage par la mauvaise saison, le seigneur de Caumont se décide à passer l'hiver en Sicile; il donne congé au patron de son navire et se rend par terre à Palerme.

Il rencontre en chemin le sire de Sainte-Colombe, chevalier du Béarn, qui avait été nourri à Caumont, chez son père. Le chevalier, heureux de retrouver le seigneur de Caumont, sollicite un don de sa courtoisie : c'est d'aller passer l'hiver dans un château qu'il possède à l'intérieur de la Sicile. Le seigneur de Caumont, après en avoir conféré avec ses écuyers, le lui octroie; il emploie son temps à se divertir et à chasser dans les environs; mais le mal du pays et le regret d'être éloigné de sa femme si tendrement aimée lui faisaient attendre impatiemment le moment du retour.

Sur l'avis qu'un navire catalan s'apprêtait à partir de Palerme pour Barcelone, il se décide à profiter de cette occasion. De retour à Palerme, il va visiter et décrit avec admiration les sépultures et les mosaïques de Sainte-Marie de Montréal, et le lieu où fut déposé le corps de saint Louis, avant sa translation en France; seulement notre voyageur accepte pour véridiques les fables que lui racontent les bons moines de Montréal, en attribuant aux rois Guillaume de la dynastie normande ce qui se rapportait aux rois des maisons d'Anjou et d'Aragon.

Avant de quitter Palerme, le seigneur de Caumont assiste à la fabrication du sucre, qui était alors l'objet d'un grand commerce en Sicile; il en décrit les procédés encore peu connus dans le reste de l'Europe.

Il s'embarque enfin et se dirige sur la Sardaigne; le navire qui le portait et un vaisseau sicilien, venant d'Alexandrie, se rencontrent et s'entre-choquent; des deux côtés il en résulte un grand dommage: le vent contraire le repousse à Palerme, d'où, après une relâche de quatre jours, il part de nouveau; mais, déjà en vue de la Sardaigne, il est rejeté sur les côtes de Barbarie, où, pour dernier contre-temps, l'attendait un calme plat.

Dans sa détresse, le seigneur de Caumont, ainsi que ses compagnons, font vœu d'offrir un cierge à Notre-Dame de Carbonnaire, si elle les faisait sains et saufs aborder à Cagliari. Aussitôt toutes les difficultés disparaissent, un vent favorable les conduit à Cagliari. A peine débarqué, le seigneur de Caumont va s'acquitter de son vœu à Sainte-Marie de Carbonnaire, et lui porte un immense cierge de cire pesant vingt-huit livres et décoré de ses armoiries.

Après avoir suivi les côtes de Sardaigne, et traversé le golfe de Lyon sans nouvelle mésaventure, il atteignit les îles Baléares et entra, le 18 mars 1419, au port de Barcelone. Il s'y reposa quelques jours, et, prenant son chemin par la Catalogne, le val d'Andorre, le pays de Foix, les comtés de Comminge et de Bigorre, le Béarn et la vicomté de Marsan, il arriva en son château de Caumont, le 14 avril 1420 (1), ayant passé dans l'accomplissement de son voyage un an, un mois et quinze jours.

Le seigneur de Caumont fait suivre son récit d'un état des joyaux et autres objets qu'il avait achetés à Jérusalem et rapportés à sa femme et aux seigneurs et dames de son pays, dans une huche de bois de cyprès.

Ils consistaient en étoffes de soie brochées d'or, en damas, satins, camelots, toiles des Indes; en chapelets d'ivoire, de calcédoine, de cristal de roche, de cyprès et d'aloès; en anneaux et croix d'argent doré, et de serpentine; en joyaux tels que rubis et perles; en bourses tissues d'or et de soie; en gants blancs de chamois; en longs coutelas de Turquie; en oiseaux de Chypre pour parfumer les chambres; en roses d'outre-mer, peut-être les roses de Jéricho *(Anastatica hierichuntica)*, citées par M. de Saulcy dans son voyage à la mer Morte. Ces objets avaient touché au saint sépulcre ou aux lieux saints; il s'y joignait encore toutes les autres reliques que notre pèlerin avait recueillies, et une fiole pleine d'eau du Jourdain que, plus de

(1) Le seigneur de Caumont avait commencé son voyage le 27 février 1418; il le termina le 14 avril 1420. D'après notre manière de compter, son absence aurait duré deux ans et quinze jours; mais on avait alors l'habitude de ne commencer l'année qu'à Pâques.

quatre siècles avant M. de Chateaubriand, il avait rapportée en France.

En entrant dans une analyse aussi complète de ce livre, j'ai désiré qu'on pût en saisir l'ensemble avant d'en examiner les détails; le style de l'auteur est tant soit peu rude et obscur. Quoique le fond de la langue appartienne à la langue d'oïl, les idiomes du Béarn et du Périgord y déteignent parfois sur l'anglo-normand des Plantagenet. Quand on a surmonté les difficultés, il y a quelque chose qui domine tout ce récit : c'est l'expression d'une foi ardente et naïve; c'est le catholique qui s'irrite des crimes et de la corruption du siècle, et qui, s'éloignant avec dégoût des choses terrestres, élève son âme vers les joies célestes et le bonheur éternel; à chaque occasion ces aspirations de la foi et cette indignation contre son époque éclatent sous la plume du seigneur de Caumont. Ainsi, il s'écrie (1) : « L'on ne cesse de fère guerres, prendre lieux, bouter feux, forsser femmes, destruire le peuple qui tant à Nostre-Seigneur a cousté, et tuer les hommes, piller les serviteurs de Dieu et les églizes qui sont temple de Nostre-Seigneur, et plusieurs autres violences que je ne nomme pas. Et j'ai ouï dire à aucunes gens qu'au temps passé, les rois, les princes et les grands seigneurs et barons fesoient bastir les moustiers et les églises, et à présent, est au revers qu'ils les desfont et abattent et font détruire ! »

A Rhodes, il laisse échapper cette réflexion (2) :

« Cette île est le chef de la religion de saint Jehan où demeurent grand nombre de chevaliers qui toujours maintiennent la guerre contre les Sarrazins par terre et par mer; il me semble qu'ils font aussi bien que les autres chrétiens qui se font la guerre entre eux, et ont plus le cœur à se détruire les uns les autres, qu'à aller contre les mescréants de la foi de Notre-Seigneur. »

Les descriptions du seigneur de Caumont sont pleines de conscience; il raconte ce qu'il entend; aussi doit-il lui arriver

(1) Pages 19 et 20.
(2) Page 43.

quelquefois de refléter les préjugés ou les erreurs de son temps. C'est ainsi que, dans l'Asie-Mineure, il prend une petite île située en face de Tarses (1) pour la Colchide du Pont-Euxin, d'où Jason rapporta la toison d'or.

A Rhodes, en visitant les ruines de la cité antique (2) où s'élevait le fameux colosse, il croit y retrouver la ville des Colossiens, auxquels saint Paul, captif à Rome, adressait ses épîtres. Les guides à cette époque étaient-ils donc aussi ignorants et aussi menteurs qu'aujourd'hui ? et, pour faire valoir leur pays, abusaient-ils déjà tellement de la crédulité des voyageurs ?

Maintenant que nous avons ramené sain et sauf le seigneur de Caumont dans ses terres, on désirera peut-être savoir si les consolations spirituelles qu'il était allé chercher à Jérusalem exercèrent une heureuse influence sur le reste de sa vie. Hélas ! elle devait être encore bien agitée et bien perplexe; de retour en France, il y trouve le parti royal abattu; les Anglais, unis aux Bourguignons, maîtres de Paris; Henri V, époux de Catherine, déclaré en même temps héritier et régent du royaume; le Dauphin réfugié à Poitiers, s'efforçant de lutter contre tous les ennemis conjurés contre lui.

Pour celui qui était à la fois vassal du duc de Guyenne et sujet de Charles VI, la situation devenait d'autant plus difficile que les droits du suzerain et du souverain semblaient confondus dans la personne du roi d'Angleterre.

Nous manquons de documents précis sur la ligne de conduite que suivit d'abord le seigneur de Caumont; mais si nous examinons deux actes de l'année 1427, nous sommes porté à croire qu'il avait embrassé le parti des Anglais.

Le premier de ces actes, passé à Nérac, le 12 janvier, est un traité d'alliance et de bonne amitié entre le seigneur de Caumont et Charles d'Albret, comte de Dreux, qui soutenait en Guyenne la cause de Charles VII; c'est une promesse d'aide et assistance réciproques contre tous seigneurs et toutes personnes,

(1) Page 79.
(2) Page 82.

excepté le roi, le duc de Guyenne, le comte de Foix et leur propre lignages.

Entre autres clauses, on remarque celle-ci :

« Que si nuls de la part du roi passaient par nos terres *(celles du comte d'Albret)*, menant prise des terres de Caumont, que nos sujets soient tenus de la leur ôter, à leur loyal pouvoir; et si, pareillement, les Anglais menaient prise de notre terre, et passaient par les terres de Caumont et de Clairac, que les sujets du seigneur de Caumont soient tenus de la leur ôter, à leur loyal pouvoir. »

Parmi les signataires de ce traité se trouve le nom de Naudonet Gaubert (1) qui, en 1418, avait été témoin de l'accord fait par le seigneur Je Caumont avec ses écuyers, au moment de son départ pour la terre sainte.

Le second acte est une déclaration donnée à Béziers, le 30 juillet 1427, par le comte de Foix, lieutenant général pour le roi, en Languedoc et en Guyenne, accordant à son cousin, le seigneur de Caumont, ainsi qu'à toutes les villes, bourgs, châteaux et forteresses qu'ils possédait, trève de guerre pendant dix-huit mois.

Le 15 février 1434, le seigneur de Caumont, veuf de sa première femme, se remaria à Jeanne de Durfort, fille de Jean de Durfort et de Jeanne de Gornay ; il continua à soutenir la cause des Anglais, que le rétablissement des affaires du roi et le succès de ses armes rendaient de plus en plus périlleuse pour leurs adhérents.

En 1442, Brandelis de Caumont, frère cadet de Nompar II, et qui tenait avec lui le parti du roi d'Angleterre, fit sa soumission à Charles VII, et se rendit à Jean de Bretagne, comte de Penthièvre.

Le 12 mai 1443, le roi fit une déclaration en ces termes :

« Attendu que Nompar, seigneur de Caumont, qui sert les Anglais à Bordeaux, a confisqué envers nous son corps et tous

(1) Page 15.

ses biens ; considérant les services bons et agréables de Brandelis, qui a remis ses places entre nos mains et qui fait la guerre
avec le comte de Penthièvre ; et que si Nompar mourait, Brandelis lui succéderait, donnons Caumont et autres places, châteaux et seigneuries de Nompar, à Brandelis. »

La même année, le comte de Penthièvre fit épouser à Brandelis Marguerite de Bretagne, sa nièce, fille d'Olivier de Bretagne ;
et c'est de ce mariage que sont descendus les ducs et maréchaux
de la Force et l'unique branche de la maison de Caumont, qui
s'est perpétuée jusqu'à nous.

Quant à Nompar, le poëte des *Dits et Enseignemens*, le pèlerin de Compostelle et de Jérusalem, compromis dans la cause
des Anglais, il s'exila volontairement avec sa femme et son
beau-père, et mourut en Angleterre en 1446.

Charles VII confirma, par de nouvelles lettres patentes, la do-
nation des biens de Nompar à Brandelis, qui en prit possession
le 25 mai 1447, et obtint de Louis XI, en 1463, la permission de
rétablir les fortifications de ses places, rasées pendant la rébellion
de son frère aîné.

ERRATA.

Pages.	Lignes.	
1,	2,	on, *lisez* : ou.
2,	2, 7, 10,	on, *lisez* : ou.
8,	15,	faits, *lisez* : fais.
10,	18,	voux, *lisez* : vous.
15,	2,	Naudonet, Gaubert, *lisez* : Naudonet Gaubert.
19,	29,	e, *lisez* : et.
20,	24,	dores, *lisez* : d'ores.
21,	24,	asceste, *lisez* : astece (hastece).
38,	19,	bein eurée, *lisez* : beineurée.
40,	14,	Semy, *lisez* : Servi.
65,	5.	*après* : fut présentée, *ajoutez* : et mariée.
79,	17,	de le Scuellz, *lisez* : de l'Escuellz.
82,	11,	Collossensses, *lisez* : Collossenses.
86 et 87,	24 et 1,	Nyl, *lisez* : Myl.
87,	5 et 6,	Ferfine, *lisez* : Serfine.
103,	16,	Castroy; anuy, *lisez* : Castrojanny.
109,	2,	pais, *lisez* : païs.
110,	20,	de la fere, *lisez* : de l'afere.
113,	27,	a celle, *lisez* : acelle.
143,	9,	à Lestelle, *lisez* : a l'Estelle.
Id.,	10,	de Lestelie, *lisez* : de l'Estélie.
145,	16,	veoir, *lisez* : voir.
164,	33,	Nicosie, *lisez* : Famagouste.
182,	35,	*Décollacée*, lisez : *Décollacé* (S. Jeban).

VOYAIGE

D'OULTREMER

EN

JHÉRUSALEM.

FERM CAUMONT.

—

C'EST le livre que je LE SEIGNEUR DE CAUMONT ET DE CHASTELNUEF ay fayt on voyaige d'oultremer en Jhérusalem et du fleuve Jourdeyn, où sont compris les royaumes, principes, comtés, illez et autres pais et terres, et les nomps des lieux et nombre des lieues d'aler et de venir, tant par terre que par mer, et combien de temps je demouray le complir despuys mon département jusques à mon retour.

Et PREMIÉREMENT, sont les ordenances que je lessay en ma terre à mon pueple avant mon département.

ITEM, l'ordenance des gentilshommes et autres qui alérent avec moy on dit voyaige.

ITEM, le voyaige de Jhérusalem.

ITEM, les serements que font les chevaliers on saint Sépulcre.

ITEM, le désert de Jérico.

ITEM, le chemin on fleuve Jourdeyn.

ITEM, les pérégrinacions, indulgences et pardonnances de poyne et coulpe de la saincte terre Jhérusalem.

ITEM, le devize que je prins à pourter on dit voyaige.
Le retour de Jhérusalem.
Les joyes que je pourtay d'icelluy païs d'oultremer.

ITEM, ung autre voyaige que je fis à monseigneur saint Jaques et à Nostre Dame de finibus terre.

ITEM, ung autre romans que je fis d'enseignemens.

FERM CAUMONT.

—

CE SONT LES ORDENANCES que je CAUMONT ay leissées en ma terre quant je en parti pour faire le saint passatge d'oultremer en Jhérusalem.

JE LE SEIGNEUR DE CAUMONT DE CHASTELNEUF ET DE BERBÉGUIÈRES, nottiffique et faiz assavoir à toute le université de ma terre, à toux en général, que comme jadis mon trés redoubté seigneur mon seigneur mon père, cuy Dieux absolle par sa sainte pitié et miséricorde, le temps qu'il vivoit eusse entreprins de fere le saint voyatge d'oultremer au saint Sépulcre en Jhérusalem où Jhésu Crist notre redemptor voulsit prendre mort et passion pour nous pouvres pécheurs et pécheresses rachater des paines d'enfer où nous fussions été perdus, se son précieux corps ne fust. Et pour ce que Nostre Seigneur Dieux l'a tiré à sa cort, à la gloire du royalme celestial de Paradis, il n'a puet acomplir sa volonté et désir a y aler, ainsi que son entente estoit : je comme son vray filz et universal héretier, tant à contemplacion de sa bonne dévocion que par ycelle que je mesmes y ay par moy, en remession de mes griefs pechiés que encontre Dieu, mon créateur, j'ay acommis et faiz, me suis de bon et vray cuer exposusé de fère et entériner le dit saint voyatge et passatge d'oultremer, visiter le saint Sépulcre Nostre Seigneur, en l'aide duquel et de mon seigneur saint George, est mon entencion et (desir le) parfère et mettre a bonne fin vraye. Pourquoy (très) affectuosament je prie à vous mes chiers foyals (et liges), à mes bonnes gens de ma ditte terre, tant gentils religieux, prestres et gens de sainte églize et autres de quelque estat ou condicion que soyez, qu'il vous pleise prier Jhésu Crist nostre Sauveur, avec bonne et parfaite dévocion, que luy vigne à plesir, par sa sainte benigne humilité, me doner povoir, grace et auctorité, ainsi que mon corps ferment désire. Et à la benoite vierges Marie, se précieuse mère, plaine de toute miséricorde et de humilité, veuillies aussi prier quelle soit ma advocade envers son précieux cher Filz, que par le mérite de sa sainte passion, me donne aler et venir sauvement et seurement, sain et haytiez ratourner entre vous, mes bons amis et frères, et me donner fere les euvres que soient à honneur de mon corps et sauvacion de mon arme. Et à cause que j'ay en voulor à vous déclarer ung poy de mon cuer pour ce que escripte est chouse ferme et clèr et à toudiz, mais manifeste et certayne à celle fin que vous puissies mieux veoir et entendre une partie de mon entente, quant je ny seray, je vous lesse par escript certaines ordenances, cy dessoubs escriptes, feites et par articles ourdenées, lesquelles vous prie, veuilles avoir en mémoire, et pour l'amour de moy, mettre paine à les complir, chascun en droit soy, sellon leur fourme et teneur, par la manière que de mot à mot s'ensuivent.

Premiérement, que comme vous soyez tous dis estés envers mon dit très rédoubté seigneur de père et envers moy et tous nostres prédecesseurs, ausi qu'il n'est mémoire du contraire, bons, vrays et foyals liges, je contfisant de votre bonne prodomie et loyauté, vous recommande bien affectuosament et de cuer, et molt bien chiérement vous prie que vous ayes par recommandés ma trés chère et ma trés bien amée m'amye et m'amour vraye, et mes petis enfans aussi que je vous lesse par bien entiegrement recommandés, et par mesmes toux mes lieux, plasses, chasteaux et fortalesses, et toute ma terre par entier, comme ceux esquels j'ay trés parfeite comfiance; et feré que se doyt par reison, car tousjours m'aves mostré bon seignal de vraye amour; et à présent en mon abscence, quand je n'y seray, vous prie ycelle bonne vraye amour que me pourtes, vueilliez monstrer tellement que, à mon retour, je vous en aye à mercier; et de vous tel report puisse oïr que par jamais je et mes successeurs vous en soyons tenus d'ayssi en avant, et vous en aye à rendre tel bon guéredon, ainssi que j'en ay bonne voulenté et espérance de le fere, s'il plast à Dieu.

Item, mes bons vray amix, comme vous savez, le monde est aujourduy plein de tribulacions; et aucune fois, quant l'en pense estre en paix et bonne tranquillité, aucuns débas et discencions sourdent par le païs tant par enviez, par malvais repors, que aultrement en plu-

seurs diverses voyes et maniéres voulentaires; si que, se
nul accident vous avenoit en aucune maniére, ou aucune
noveleté vous estoit fette maintenent, quant je seray
hors de païs, longtain de ma terre, que sans vous esmo-
voir chaudement ne haster, vous veuillez premiérement
avoir bonne délibéracion et advis, et vous governer
bien saigement, avant que nul soubde esmovemant soit
par vous commis ne atempté. Mes par bon et amodéré
conseil vous régissiez selont Dieu, raison et bonne justice.
En maniére que, par mille guise, de cens puisses estre par
houstinité. Affin que nul mal ne vous en puisse advenir
couvertement, ne l'en puisse dire qu'en vous ne soit
tout bon gouvernement.

Item, à vous frères religieux, réteurs, vicaires et toute
autre maniére de prestres qui estes et demores en ma
terre, je vous prie umblement et de cuer, que de bon
voloir vous plaise dire chascun de vous, deux fois chasque
sempmène, le *Confitemini Domino quoniam bonus*, par
tel que Nostre Seigneur Dieu Jhésu Crist me vueille garder et deffendre en mer et en terre de tout pérills et
temptacion de maligne esprit. Et chescun dimanche
auxi que vous chanteres messe et fares le saint sacrifice
à Nostre Seigneur, qu'expressement de moy fassiez
commémoracion en vostre memento et bonnes priéres
que feres à Dieu. Et en les priéres que ycelluy jour sont
acostumées à feire en l'Eglize, vous me vueiller denuncier au bon pueble qu'ils m'aient en remembrance envers Nostre Seigneur, qu'il me ostroye par son plaisir que
je puisse retourner liez et joyeux entre eux.

ITEM, à vous gentils femmes et autres quelxconques de ma ditte terre, à toutes en général et à chascune par soy, vous prie si affectuosament comme je puis, que de votre bonne volenté et espéciale amour, que j'ay bonne confiance que me pourtes, que vueilliez dire pour moy, jusques à mon retour, tous les samediz de l'an, à comensser le jour de mon département, sept fois le *Ave Marie*, en honneur et remembransse des sept joyes que le vierges Marie précieuse heut de son benoit chier Filz; ou si le samedi n'aves loisir ou ne le poves faire, que les dittes le dimanche, avec bonne et vraye dévocion, pour affin que par ycelles bonnes priéres à la pucelle Nostre Dame qui ne pourta que ung enfant, plaise me achater grâce avec luy, que je puisse sain et sauf fère mon voyatge à mon honneur et sauvacion.

ITEM, si le cas avenoit que estant en ycest saint voyatge, Nostre Seignor faisoit son commandemant de moy, attendu que tous nous somes venuz en cest monde de nient et nez de nos mères pour morir et trespasser de cest siècle pleins de labour et de tristece, en l'autre qui perdurablement sens fin durera; je vous prie moult chérement que, en icelluy cas, vous pleise avoir ma pouvre arme chaytive pour recommandée, et ne le mettre pas en obly, ains vueillez prier toux et toutes dévotemant icelluy Seigneur, qui nous fist et fourma à sa semblance et nous deffera quant luy pleira, que par sa sainte miséricorde et pitié, aie compassion et merci de mon arme, ainssi que de bon cuer, de vraie et entière dévocion me transporte visiter le saint lieu où il prist mort et passion pour nous le jour du vendredy ahouré, et le saint Sépulcre où les bons prodomes Joseph d'Arimacias et Nicodemus misrent son précieux corps, quant l'eurent demandé à Pilate le faulx malveis tirant; que par sa sainte résurreccion qu'il ressuscita de mort à vie le jour de Pasques, luy pleise résusciter mon corps et mon arme en la compagnie des saints angels de Paradis où est la joie perdurable sans fin; m'égeussant lesquelles priéres et autres bonnes oraisons, vous doint grace et pouvoir que puisses fère choses qui soient au profitz de vostre corps et sauvacion de vos armes.

ITEM, mes bons et parfais amix, s'il estoit ainssi, comme dit est, que Nostre Seigneur fist son comandemant de moy, j'ay establi, ordénié et institui et à présent faits, ordenne et instituisse emprès moy, mon vray et universal hérétier, Nomper de Caumont, mon premier fils, de toute ma terre et de toux mes biens et de tout quant que j'ay entieremant, ainssi comme estre doit par droite ligne et parfeite raison, sellon Dieu et le monde; et vous prie bien affectuosemant tant par vostre devoir fère que par vostre honneur observer et garder, et suis certain que vous ne fares pas du contraire, que ledit Nomper, mon filz et vray hérétier, vueilles recevoir par seigneur et lui estre bons, vrays et foyals ligez et obéisans, comme estre deves et toux dis avez acoustumé estre à mondit très redoubté seignor mon père et à moy, et à nostres predécesseurs. Et que par mesmes il vous fasse ce que fere vous devra, cousi que tout bon seignor doit fere à ces vassaux; et je vueil que ainssi soit. Et par conséquent, si Dieux faisoit son comandemant de luy, que fusse alés de vie à trespassemant, que ainssi le fares de mes aultres enfains ainsi come de gré en gré seront descenduz ; que par semblable maniére et par semblant cas, les vueillez recevoir pour seigneur ou pour dames, sains nulle contradiccion, et continuer envers eux en toute bonne loyauté laquelle avez tos diz acoustumé, et fares par le plaisir de Dieu jusques à la fin.

ITEM, se aucuns vous repourtoient de moy aucunes paroles que on voyatge je fûsse trespassé de cest siécle en l'aultre, que Nostre Seignor eusse fait de moy son plaisir, que soubdaynement ne les veuilles pas croire. Car, si par aventure, pour vous fere displeisance au cuer, aucuns messongiers et jongleurs vous repourtoient que se seroit ainssi, pour vous mettre en miencolie et tristesse, et n'en seroit riens en aucune maniere ; ni quels que repourteurs que soient, ne vueillez croire nul d'eulx, sinon que se fussent souffisans gens et dignes de foy, et parfeitement bien enfourmés de la verité, et peussent prover et monstrer bonnement que ainssi fusse, et encores que entiérement ung an soit passé ainçoys que en croyez riens ne d'un ne d'autre.

ITEM, sachiez que je lesse tout amplemant m'amye, mes petis enfans et toute ma terre par entier, on guouvernement de monseigneur le Conte de Foiz qui m'a norry, comme en celluy où j'ay plus de espoir de parfeite comfiance.

Item, plus, mes bons amix, j'ai député et ordené mon beau oncle Arnaut de Caumont et mon ben amé escuier Galhardet de Tozeux pour avoir le régiment et estre résidentement guouverneurs de ma très chère et ma très bien amée m'amye, de mes enfans et de vous aultres, et auxi de toute ma terre de Guascoigne, de Genois (d'Agenois), de Pierregore et de Bazades; come ceulx esquels je me confize grandement de leurs sens, loyauté, bonne discrécion et diligence, pour vous régir et gouverner paisiblement et paciffiquemant, en vous priant que à ce qu'il vous diront, demonstrarons, conseilleront et aministraront, les vueilles croire et estre vrays obéissans, et les secourre et aidier, se mestier en ont, comme à nostre propre personne; et vous démontrés de partide on eulx encontre toutz aultres qui mal ni desplaisir leur vouldroient fère, si par gardant mon devoir et touchant mon bien et mon honneur et de m'amye, de mes enfans, de voux et de toute ma tiere, leur querrient discencions en quelque manière. Et par semblant cas, ceulx que j'ay commis et leissé pour la garde de mes lieux, plasses, chasteaux et fortelesses, leur vueilles estre obéissans et favorables en toute nécessité, et feire pour eulx ce qu'ils vous comanderont, et verrez estre faisable, touchant la sauvacion et fortiffication d'ycelles, par affin que, en deffaute de réparacion et bonne diligence, ne se ayent à perdre.

Item, vous prie à vous toux en général que vueilles avoir, l'un envers l'autre, bonne paix, amour, acort et vraie tranquillité, sans avoir nulle noise, discencion ne débat ensemble, ains vueillez estre bons et foyals amis, comme frères, ainssi que estre devez. Car par discencions et debatz toux les maulx du monde ne évènnent; mès si vous avez nulle demande à calanger l'un sur l'autre, en quelque maniére que ce soit, que par devant mes officiers à ce députés, les feites venir et mettre en ma cort, laquelle vous sera ouverte à vous fère droit et raison et toute loyale justice. Toutes foix si aucun grant débat ou querelle sourdoit de l'un à l'autre, et vous semblasse que mes officiers ne fussent assez souffisans pour ycelluy débat, déclarer vous prie les vueilles remettre et cesser de celluy pleyt jusques à ma venue et retour. Et par la grace de Nostre Seigneur, oyez que j'aie les parties, je les metray à bonne paix et acourt.

ITEM, sachiez que j'ay grant joie de ce que je cognois que vous toux prenes en gré que je acomplisse cest saint voyatge que j'ay en propos de fere; et à par que plaisir j'esproves à la grande amour que mostré m'avez, de ce que de très bon voloir m'avez aidé, et secouru largement du vostre, en maniére que je m'en tiens par bien content et vous en mercie de tout mon cuer; et plaise à Dieu, le Père omnipotent, qu'il me donne tant vivre en bonne prospérité, que je vous en puisse rendre bon guéredon, ainssi que j'ai bonne affeccion et vouloir de le fère. En vous priant de bon cuer que se je vous ay feit chouse qui vous desplaise, qu'il vous plaise me le pardonnes : et si vous en aves feit à moy, ne dit que ne me doye tourner à desplaisir : par afin que Jhésu

Crist, nostre redemptor, me pardonne mes péchiez et deffallimens; ainsi qu'il pardonna ceulx qui le mirent en croix, je vous pardonne de bon cuer et de bonne foy.

Pourquoi, mes bons vrays amix et amiez, pour acomplir ma dévocion, huy que est le .xx. jour du mois de février, l'an de l'incarnacion de Nostre Seigneur mil. cccc. xviij. je prins orendroit mon chemin, s'il plest à Dieu le tout poissant et à la Vierges précieuse, sa chère mère, et au bon chevalier monseigneur saint George auxquels plaise me ottroier que, sauvement et seurement, je y puisse aller et retourner paisiblement à honneur de moy et sauvacion de mon arme; et en rémission de mes péchiés que Jhésu Crist par sa bénigne grace vueille remettre et pardonner, quant vendra à mes derreniers jours, ainssi qu'il pardona la Marie Magdalène; et ycelle sainte parolle me vueille dénuncier qu'il fist au bon lairon en l'abre de la vraie croix quant il li pria : « Sire, souveigne te de moy quant en ton régne seras. » Et Nostre Seignor luy respondi : « Huy seras avec moy en Paradis. » Toux et toutes le vueillez prier que par le mérite de sa sainte passion, au pas de la fin, celle sainte parolle et perdurable don à moy et à vous luy plaise ottroier que puissons venir au saint lieu des bons esleuz à la sua dextre. Et quant je seray par delà, je le prieray pour vous tous et toutes, que dez bienfaiz que je diray he feray, vous en done bonne part, et de tout mal vous vueille garantir. En vous priant que tout jour vous vueille souvenir de ma trés chère et ma

tres bien amée m'amye et mes petits enfans ignocens
que sont tous vostres et seront tant comme vivront. Et à
Dieu soiez vous recommandés tous et toutes ; ore me
baisiez et le Sain. Esprit soit avecques vous et garde
moy et de mon arme.

Et en témoing de ce, les ordenances sus dittes j'ay
signé de ma propre main pour plus de fermeté avoir :

FERM CAUMONT.

———

CE SONT les apointements et ordenances fettes
acordées et passées entre moy LE SEIGNEUR DE CAUMONT,
DE CHASTELNEUF ET DE BERBEGUIÈRES d'une part, et mes
escuiers Bertran Chastel, Gonsalvo de Bonelles, et autres
de ma compaignie d'autre part, sur le partiment de
nostre voyatge pour aler au saint Sépulcre d'oultremer en Jhérusalem, par la maniére que de mot à mot
s'ensuivent :

PREMIÉREMENT, que les diz mes escuiers et aultres
m'ont juré et promis, promettent et jurent sur les
sains Evangelis Nostre Seigneur, qu'ils me serviront
bien et loyaument, sain et malade, en toutes et quantes
voies et maniéres qu'ils porront, à leur loyal povoir,
sans nul travail de leur corps espargnier.

ITEM, qu'ilz ne me lesseront jamais, ne se partiront de ma compaignie en quelque part où je vueille aler, pour quelconque cause ou occasion que ce soit, jusques à tant que je soie retournés en ma terre, se non que ce fusse per cas de mort, que Dieux eusse fait son commandemant de moy, et aultrement non en aucune maniére.

ITEM, si aucun débat, discenssion ou noise sordoit de l'un à l'autre, comme aucune fois avient par le chemin, qu'ilz seront tenus lendemain par tout le jour, demander pardon l'un à l'autre, et de leissier toute error et iniquité.

ITEM, je leur ay promis, promet et jure de leur fère bonne compaignie et ne les leissier nullement, se non que ce fusse par cas de mort, ou si aucune grande enfermeté leur survenoit à l'alant, en laquelle je en eusse aperdie mon voyatge; et si, en celluy cas, les me convenoit lessier, que me seroit bien grief, je seray tenus de lez lessier de quoy ils se puissent fère gouverner et retourner par dessa en ma terre.

Et si le cas estoit que, au retour en nous en venent, l'accident sus dit avenoit, que aucun d'eulx fusse malade, que Dieux deffende de ne lez lessier point jusques à la mort.

LESQUELLES chouses susdittes et chacune d'ycelles furent fettes, promises et jurées le .xxvij^e. jour du mois de feuvrier l'an mil .cccc. xviij. que nous partimes de

Caumont pour acomplir ledit voyatge; à ce présens et tesmoings : Galhardet de Tozenz, Naudonet, Gaubert, Guassion de le Causée, Archambaud de le Mote, Jehan de Lauriole, Jehan de Taris et Clément de Salungnac, escuiers de ma terre.

FERM CAUMONT.

LE
PROLOGUE DU VOIATGE.

NOPER, seigneur de Caumont, de Chasteau Nuef, de Chasteau Cullier et de Berbeguiéres. Chouse notoire, manifeste et vraie que Nostre Seigneur Dieu Jhésu Crist fist et créa le siel, le terre, les quatre hélémens, tout le firmament et tout quant est; et nous forma assa semblance, et pour ce que chascun scet que par le peché de notre premier per Adam, pour le désobiassence qu'il fist de mangier du fruit de vie qui lui avoit[1]......... et que....... nous estions dampnez en eus................................. par le grant amour qu'il pourtoit................. ama mieulx mourir et prendre................. que ce nous fussions été......................... ....

---

[1] Les points indiquent des lacunes provenant d'une page du manuscrit en partie déchirée.

3

de son précieux sanc, lequel par sa débonayreté, espandi pour nous, en l'albre de la vraie croix où il souffri si cruelle mort et amère, comme vous savez et avez oy dire, de lequelle nous devroit bien souvenir; et devrions considérer les griefs, travaillz, males lengors et engoysses que, par notre sauvacion, il ha voulu souffrir pour nous. Si que de corps, d'arme et de foy devrions estre tous jours en luy et fère ces comandemans. Car sans doubte il m'est bien advis que, se ung seigneur terrien m'avoit sauvé la vie et gardir de mourir, que jamais ne lui fauldroie, ains auroit toux dis comandemant sur moy; et tout ainxi seroit-il bien raison que à Nostre Seigneur qui de le perpétuele mort nous ha gardé, nul jour ne heure ne ly devons faillir, ne pourrions assez fère pour luy, mes toux tamps devons prier que nous doint le sue grace et amour, et toux jours que en avons besoing. Car nous n'avons bien ne honneur, ne avoir ne povons, si de luy ne vient, et pour ce devons estre obeissans à complir sa voulenté et plaisir, se voulons vivre en sa glorie perdurablemant. Car chacun puet bien savoir que cest monde n'est pas notre domicile ne demeure, ains est mort et paine misérable, pleine de trevail et de tristece. Et donques devons nous estre diligens avoir la vie de durée, non pas tant se attendre ez chouses mondaines ne avoir tant le cuer aux déliz de cest siécle que ayons aperdie le joie sans fin, et au derrier l'aurons nous tout à lessier et savons l'eure ne quant, car nulls ne puet faillir à le mort; et cellon ce que chescun aura fait part dessa, sera guéredonnés part delà, n'en doubtez point, et si nous y sommes huy, par aventure n'y serons pas demein. Car la sainte Escripture dit ainssi : *Nullus tam fortis cui pareant vincula mortis,* c'est à dire qu'il n'y a nul si fort que le mort en aie point de mercy. Et par espérience le povez veoir que tantost l'en sera sain et en bon point, tel jeune et fort, et encontinent deviendra malade et tantost cherra on lit de le mort ; si me semble qu'il n'y a que de mettre paine et trévail fere en maniére que puissons entrer on régne celestiel quant départirons de cest siécle misérable qui n'est que rozée. Et certainement je ne doubte point que, se nous voulons, que n'y entrons bien, si nous gardons de mal fère ; car sachiez que nulls n'y puet entrer s'il n'est souparé du mal purement et accompagnié du bien. Et qui ne ce tient à bien fere, est chouse de sa dapnacion ; et pourront avoir grand duel au jour de jutgemant ceulx à qui Nostre Seigneur dira de sa propre bouche : *Ite maledicti in ignem eternum !* alez malediz on feu éternal ! Et je ay souvant panssé en ces chouses et suy moult trist, doulant et marri quant me souvient de le mort que fera le départiment du corps et de l'arme, et je ne say quel chemin aura à tenir, mes bon, se Dieu plest. Et s'il nous souvenoit du périll que avons à passer quant avons voulenté de mal fere, ne fallirons pas si souvant ne si longuemant ; mes poy nous en membre et appar que l'en ne cesse de fere guerres, prendre lieux, bouter feux, forsser femmes, destruire le peuple qui tant à Nostre Seigneur ha cousté, et tuer les hommes, pilher les serviteurs de Dieu et les églizes qui sont temple Nostre Seigneur, e plusieurs autres violences que je ne nomme pas. Et j'ay

ouy dire à aucunes gens, que au tamps passé les rois,
les princes et les grans seigneurs et barons fesoient
bastir les mostiers, les églizes, et à présent est au revers qu'ils les desfont et abatent et font destruire, et
ce n'est que l'enemi qui les a lassiez, et conjoins à soy,
que n'ont le cuer que en fere mal et bastir guerres et
discenssions par lez païs, l'un contre l'autre, et à leurs
prouchains voisins, contre droit et raison, dont ilz en ont
grant péchié de ce que font et font fere ; et monstrent
bien qu'il ne leur chaut de l'amour de Dieu, ne des
bonnes gens, ne prouchains voisins, ne n'ont en mémoire le parolle que l'Escripture dit : *Tam regibus
quam principibus mors nulli miseretur ;* sachiez de
certain que le mort n'a merci des rois, des princes ni
de null autre, si grand seigneur soit, que toux ne lez
preigne. Et ceulx qui veullent guerres, devroient fere
comme le loup, sellont que ce lizes fables, que une foiz
s'enmonta sur une haulte montaigne avec toux ces petis
lombas qu'il avoit bien chiérement norris, pour leur
démostrer le païs à l'entour, et leur dit : « Or regardes,
mes filz, je vous ay norris tant comme j'ai peu, et maintenant je suy si vieux que je ne puis cheminer, mès
vous estes asses grans et fors pour vous donner conseil
dores en avant. Toutes foiz je vous vueil aviser d'une
chouse de lequelle vous veuillez bien garder. C'est assavoir que on païs où vous vouldres fere votre prise, ne
fettes point votre maison ne habitacion, si vous vueillez
vivre sans doubte ; et, se ne fettes ce, vous ne porriez
avoir si longe durée comme j'ay eu : car si je eusse fait
le contraire, je n'eusse pas tant vescu ne vous si bien

norris.» Pour ce à mon propoux ceulx qui ont leur meson et habitacion en ung païs et ont entente y demourer, se deyvent garder fere mal au gens du païs entours eulx, par especiel à leurs prouchains voisins; car ilz porient bien savoir qu'ilz ne seront pas asseur ne in auront durée. Car nuyt et jour s'auront à garder, et j'ay ouy dire souvant que qui ha mal voisin, si ha maul matin. Pour ce vouldroie-je plus avoir cent livres de rente et estre amez du pueple et des voysins à l'alentour, que ne feroie mille, que me voulsissent mal, he fusse en leur disgrace. Car qui est amez du pueple est amez de Dieu. Or regardens que ma proufite, vaut-il la rente que jour et nuyt me faussit estre armés. Je ne tendroie pas que ce fusse rente ains se pourroit bien appeller le mort. Pour ce n'est si belle chouse que quand Dieu donne le grace et l'amour du pueple et de son voisin. Ausi est-il le segont comandement Nostre Seigneur qui dit : *Dilige proximum tuum sicut te ipsum*, c'est à dire que amez ton prouchain comme toy mesmez, et qui fera le comandemant de Dieu sera sauvé; et bien se doit aviser donques que l'en ne face mal expressemant à son voisin, et aviser se ce sera bien fait ou mal. Car quant l'en le fait, après s'en repent, et alors n'est pas temps, et vous dit que trop asceste n'est pas sagesse; més nous n'y avisons pas, ains avons le cuer et le voulenté plus au mal fere que au bien continuer, et à paines sera que qui mal fet que mal ne ly viegne, car l'en dit voulentiers que on monde n'a si belle chouse comme barat, car il tourne de ce costé où le don vient, et c'est bien raison. Et vous di que qui veulx tenir tel voie, n'entrera ja

en Paradis. Et pour ce que n'avons le cuer en bien,
Nostre Seigneur nous envoye tempestes, mortalités et
plusieurs tribulacions et meschances, pour les malx et
orribles péchiez et tirennie que aujourduy acometons
tant que je en suis bien méreville que ne prenons à cuer
ce que l'Escripture dit : *Fac bene dum vivis, post mortem vivere si vis ;* fay du bien en dementies que vivras,
si veulx vivre quant mort seras. C'est à dire, si veulx
avoir Paradis ; mes nous n'y avons pas l'imaginassion
mes que audions fere huellz de siere à Nostre Seigneur,
si comme se il ne veoit goute. Mes en bonne fois nous
ne povons riens fere, pansser ne cogiter qu'il ne le
sache tout et cognoiscions à les fins qu'il n'avoit riens
devant les yeulx. Pour ce nous en devrions amender
nostres vies et fere du bien puisque tamps avons. Car
l'en dit voulentiers : que qui temps ha et tamps demure,
tamps li faut ; et auxi l'Escripture dit : *Non modò lœteris
qui forsan cras morieris,* ne te alégres pas tant nonobstant que soies sain et en bon point, car par aventure
demain morras. Pour ce faissions le bien et lassions le
mal. Car le bon angel que Dieux nous ha baillié à le
part droite, nous conseille tout pour le bien ; et l'ennemi qui est à le part senestre, le mal pour nous décevoir,
Pour ce prenons le meilleur et soíons umbles et courtois
et ne fassions pas comme Lucifer, qui estoit le plus resplendens angel de Paradis, et pour son grant orgull,
Jhésu Crist le fist descendre à l'abisme d'Enfer où il
est le plus orrible deable qui soit ; et yci avons bon
exemple que ne sions point orgueleux ne fassions contre
le mandemant Nostre Seigneur. Car le chouse qui plus

li desplet, c'est ourgull qui est le plus orrible péchié de tous les sept péchiez mortelz, et par lequel viegnent plus de mals ; et qui en péchié mortel muert, il est dampnez. Pleise à Dieu que nous en puissions garder ; mes un tigneux vouldroit que tous fussent comme luy : aussi est l'ennemi, qui vouldroit que tous fussent dampnez comme il est. Pour ce devons aller le droit chemin et estre en Nostre Seigneur, et non pas fere comme plusieurs font en cest monde, que leissent leur propres seigneurs pour se mettre avec leur hennemix pour or ou par argent, comme pluseurs font qui lessent Dieu pour le deable, qui sont parens de la turpe qui change les yeulx pour le coue ; ainxi font ces changeurs de mestres, qui vendent leur honneur que est le plus belle chouse que home puisse avoir et qui plus vaut, et le changent pour or et par argent que ne vaut néant ; mes tels audent toux embrassier, et qui trop embrasse, poy estraint ; pour ce devons fere bien et estre en Dieu, et le prier qu'il ayt pitié et merci de nous. Car Dieux demeure tout jour ; que ayons en nous repentence et retournons à luy. Car il ha dit dessa bouche : *Nolo mortem peccatoris sed ut convertatur et vivat ;* je ne veulx pas, dit Nostre Seigneur, la mort du pécheur mais que se converte et vive. Et qui ne se convertira envers luy sera dampnez en enfer à le mort perdurable. Pour ce devons juner et fere du bien et aumosnes as pouvres tant comme povons he avons loisir ; et fassions ce que Nostre Seigneur dit : *Da tua dum tua sunt, quia post mortem tua nun sunt, quia dare non poteris quando sepultus eris,* que veult tant dire : donne le tien en dementres

qu'il est tien et as loisir ; car aprés le mort ne sera pas
tien ; car donner ne le pourras pas quant en terre seras,
c'est assavoir quant seras mort. Et en ycelle manière
pourras acquérir l'amour Nostre Seigneur qui est le plus
précieuse chouse que soit ; et serons bons marchans et
ferons bon gaing acquerre tel noble hérétatge que toux
jours durera ; mes pluseurs ne le font pas, ains acque-
rent le puis d'Enfer en pluseurs de maniéres : mes l'en
se devroit estudier à ayder à bastir eglizes, comforter
les desconsollés, visiter les melades en leurs liz et
pensser d'eulx premiéremant que de nous ; et c'est le
mandemant de Nostre Seigneur qu'il dit propremant
de sa bouche : *Cum sis in mensâ primô de paupere
pensa ;* quant tu seras à ta table, à ton disner ou à ton
sopper, avant toutes choses penssa premier dez pouvres de Dieu ; et qui fait ce qu'il comende, il s'en va
tout droit en Paradis. Et ainxi est moult bonne honno-
rable chose et de grant prouffit qui enprant aler visiter le saint lieu, où le précieux corps Nostre Seigneur
fut mis, amprès qu'il fut crucifié en croix pour nous.
Car c'est le sauvemant de toux ceulx qui de bonne
dévocion y vont, et ce doit faire qui puet, mes toux
ceulx qui povent ne le font pas ; que bien sont clers
ceulx que j'oy dire qui y vont ; toutes foiz je croy bien
qu'il y en a pluseurs qui le laissent affere pour ce
qu'il est si loingtain et de si grant despensse qu'ils n'y
pourroient contribuir, et ceulx je criens qui ont plus
souffisant raison que ceulx qui ont bien de quoy et
demeurent pour prendre l'aise de leur corps, que par
aventure leur vausist mieulx ne prendre pas tant de

séjour ne repoux ; car ung poy de travail est bon à fère qui après retournera tout bien et grand prouffit. Car qui du bien veult avoir, mettre le faut les mains, et ainxi dit le françois que à panies vient null bien sans paine ; et pour ce null ne doit estre necligent à travailler pour atquérir honneur et sauvacion ; et sachiez que necligence est une de plus pires taches que l'en puisse avoir sur soy fors que tracion. Car l'ostel de l'homme necligent jamais sa fin ne sera de null bien, ains par necligence vient en cheitivece et pouvresse. Et pour ce lez gens qui sont diligens et prudens en leurs besoignes et négoces, tels sont sages et ne puent avoir se bien ; non ores pourra l'en dire que celluy qui ha ordonné cessi, ne le scet mye rettenir pour soy, mais ce je leur ottroie que je n'ay pas si grant discrécion en moy. Toutes fois je vouldroie bien, par le plaisir Dieu, que je eusse le grace que je le sceusse dire et ordenner en celle manière que ceulx qui en auront besoing, le sceussent aprendre et estancher pour eulx : car ce seroit à moy plaisir et à eulx prouffit. Mes pour déclarer mon entencion qui n'est pas grant, j'ay prins cette matiére à concluire pour moy que ne say quant ay à demorer en cest monde, fors tant comme au plaisir Dieu sera. Et ay considéré ces chouses sus dittes, bien que le tamps fait son devoir et va en déchéant, et nous qui de heure en heure allons tout jours à le mort ; si que je ne voy que nous ayons point de tarde de fére du bien qui bon vouloir y a ; et en vérité je vouldroie que ainxi comme je y ay bonne, ainxi qu'il stet que mester avons. En priant cellez et ceulx qui cest livre liront, ung *Pater noster* pour l'arme de moy Caumont vueillent dire, ce leur vient à plaisir; que Dieu leur dont Paradis au finir. Amen.

———

ENSUIT ce ledit chemin et voyatge d'outremer comencié pour le gracie Nostre Seigneur et monseigneur saint George, à Caumont en Guasconhe, au mois de feuvrier, le .xxvij°. jour, en l'an de l'encarnacion mil. .cccc. xviij.

GUASCOGNE.

Premiérement, de Caumont je m'en allay couchier à le ville du Port Sainte Marie où il a .iiij. lieues.

AGENOIS.

Du Port Sainte Marie à la cipté d'Agen — ij lieues. De Agen parti lendemein que fut le premier jour de mars et de careyme, et me allay disner à la ville de Moissac en Carssin qui est à .vj. lieues, et couchier part delà la rivière de Tarn, davant Chasteau Sarrazin, à Nostre Dame d'Allem où il ha .i. lieue.

LANGUEDOC.

Dᴇ Notre Dame d'Allem au lieu de Grisolles : v. lieues.

De Grisolles je tiray ver la cipté de Tolouze pour veir le Saint Suzaire de Jhésu Crist Nostre Seigneur : iiij. lieues.

LAUREGUES.

Dᴇ Avinhonet à le ville de Chastel Nef d'Arri : ij. lieues.

De Chasteau Nuef d'Arri au lieu de Saint Martin : j. lieue, où je trouvay monseignor le conte de Foiz qui avoit pris ledit lieu de combatemant; et mon entente estoit d'aller à Venise moy mettre en mer, et ledit monseignor de Foiz me conseilla que je ne feisse point celuy chemin par cause dez guerres qui on païs estoient. Si que m'en fit tourner vers Barcellone en Cataloigne, et celluy jour je m'en revins avecquez luy à le ville de Masières où il a .v. lieues, et au chef de le ditte ville a ung très beau chasteau et fort sur une rivière, bien enmurré et de grosses tours machacollées tout autour, et par dedens est tout dépint merveilleusemant de batailles; et y troveres de toux les généracions

Crestiens et Sarrazins, ung pareil, mascle et femèle, chacun sellon le pourteure de son païs.

LA CONTÉE DE FOIZ.

DE Masières à la cipté de Pamies : ij. lieues ; trés belle cipté et riche en lequelle a ung hault chasteau molt fort.

De Pamies à Foix : ij. lieues. C'est une moult souvereyne place de fourteresse asize sur ung hault roc de toutes pars, sens nulle venue, et le chasteau par dessus bien basti de bons murs et de tours, et au pié d'ycelluy, a une grosse ville de mille feux, bien enmurrée tout autour, et une rivière qui li passe pardevant : et ce dit communemant partout que l'en nesset une plus forte place à une tiel ville au pié comme celuy.

De Foiz à la ville de Tarascon : ij. lieues, et passe l'en par davant une très forte plasse que l'en laisse à main senestre, qui se nomme Mongallart, grandement hault de montaigne et de roche, et plus avant on ne veoit une autre, à la main destre, qui s'apelle Calemes qui aussi est souvereynemant hault, qui n'a garde de nul engein ne d'estre pris afforce, tant qu'il hi auroit vitailles.

De Tarascon à la ville d'Ax en Savartes : iij. heues, au dehors de lequelle ville a ung chasteau rochier assis en trés bel avantatge, et fort.

D'Ax à l'ospital de Sainte Suzanne : ij. lieues.

De l'espital on chasteau de Carol : ij. lieues.

Et entre deux a une montaigne appellée Pimorent que dure une lieue et demye, chargée de grans nefs par lequel est moult périlleux à passer ; affeccion que null ne me tombast, non pourtant que, se Dieux plest, je ne mueray point mon propoux que je ne fasse mon devoir, tant come je pourray. Et pour les grans tribulacions, discencions et enviez que je voy, en cest païs, se mener les uns envers les autres, et ycelles plus prestes de croistre que de laissier, que me desplet ; pour ycelles eschiver et fouir à leurs temptacions voulentaires et à toute maulvaise vie deshordenée, et que je ne vueil pas ainxi exploier mon tamps attendre tant en les chouses mondeines que je ne pansse en les chouses espirituelles ; à contemplacion de la sainte passion que Nostre Seigneur souffri pour tout l'omaing linatge, et par avoir pardonnance et rémission de mes péchiés que encontre mon créateur j'ay comis et faix, dont je me rent coupable en lui demandant que, par ce humilité, li plaise avoir pitié et mercy de moy, cheytive arme qui atant sa grace et sa miséricorde avoir : lequelle sur moy par son beau plaisir, vueille espandié à la fin de mes jours, j'ay entrepris on l'eyde de Dieu, de le glorieuse vierges Marie et de monseigneur saint George, et expousé tout mon cuer entiéremant, à fère le saint passatge d'outremer en Jhérusalem, visiter le saint Sépulcre Jhésu Crist, où son précieux corps fut mis. Et est ainxi que le cas puet avenir, que aucuns auront ceste mesme entencion que au présent j'ay, et vourront enprendre de aler et fère le voyatge susdi, comme le plus digne et

le plus souverein qui soit, mes pource que aucune foix
l'en delaisse aler déhors, en maintes pars, par deffaute
que l'en ne sçet quel chemin l'en doit tenir : à celle fin
que nullz ne puissent avoir telle excusacion, et ne per-
dent si honorable ne si prouffitable voiatge, je leur ay
mis en cest livre par escript, tout le chemin que je ay
fait alant et retournant, à fin qu'ils soient meulx en-
dressés ; out sont compris, toux les royaumes, principes, ysles et païs, et toux les noms des cités, villez,
chasteaux et autres lieus et plasses, tant dessà la mer
que par delà, et le nombre dez lieues, et combien je
demouray despuis le jour que je parti de Caumont, qui
estoit lundy .xxvij. jour du moys de feuvrier, l'an mil.
cccc.xviij; lequel voyatge plaise à Dieu, Nostre Seigneur, par le mérite de sa sainte passion, que soie fait
à sauvacion de mon arme, et que celle parfette amour
que par sa digne grace nous démonstra en nostre comensament, nous vueille par son bon plaisir démostrer
à nostre fin.

LE PAÏS DE SARDAIGNE.

DE Carol à la ville de Puich Sardain..... j. lieue.

De Puch Sardain à la borguade de Das... j. lieue.

De Das au lieu de Bagua.............. iij. lieues,
et passe l'en à une moulte grant et haulte montaigne
qui s'apelle Coll de Yau, lequel dure une bonne lieue de

montant et une autre de davallant, de trés mal port et périlleux chemin.

LA CONTÉE DE CATALOIGNE.

De Bagua à la ville de Bergue......... iij. lieues.

De Bergue à Casserras............... j. lieue.

De Casserras à Balceran.............. iij. lieues.

De Balcerein on lieu de Sant Pierre d'Our. ij. lieues.

De Saint Pierre d'Our à la cipté de Menreze. mye lieue.

De Menreze à Chasteau Guallin......... j. lieue.

De Chateau Gallin à Nostre Dame de Monserrat : ij. lieues, lequelle fet moult de grans miracles, et y est en une chapelle bien dévote et riche, édifiée en unes roches moult estranges, et sur une d'ycelles roches au plus hault, ha ung chasteau où l'en ne puet monter que par ung chemin estroit par escalons faitz de la roche mesme, à grant dangier le montée et de male venue ; et au pié de celluy est bastie le abbaye de Nostre Dame où leditte chapelle est, en lequelle fist chanter toux les moynes du monestir messe haulte de Nostre Dame, soleinpniaumant avecques les orguines.

De Monserrat au lieu de Coll Beton...... j. lieue.

Du Coll Beton au lieu de Espareguieres... j. lieue.

De Espareguieres à le ville de Mertorell.. j. lieue.

De Mertorell au lieu de Molin de Rech... ij. lieues.

Et entre ceux deux lieux, ha une rivère que l'on appelle Lobregat, lequelle je passay à une barque, et jouste ledit port, a un vilatge qui s'apelle Saint Andrieu.

De Molin de Rech à la cipté de Barcellone, port de mer : ij. lieues, où je arrivay le .xxj. jour du mois de mars, et demouray en la ditte cipté jusques on quart jour du mois de may après suyant, l'an mil. cccc. xix, lequel jour je me mis en la mer, on plaisir de Nostre Seigneur, en une nef de lequelle estoient patrons Ramon Ferre et Fransois Ferrier, de la ditte cipté de Barcellone.

LA MER.

QUANT je fuy parti de Barcellone, bien à l'avant en la mer que l'on ne veoit que siel et eue, cy commensse à venir grant vent que de tout nous cuyda pourter en terre de Barbarie. Mes Dieu qui ne veulx notre domatge, nous donne grace de arriver à ung port au royaume de Mallorque, à une vile qui s'apelle Alcudie lequelle est à .cc. milles de la ditte cipté de Barcellone; et content .v. milles par une lieue : et la ditte ville est environée de mer, excepté devert l'une part bien la montance de deux treitz d'arbalestre. Et ce disoit qu'en toute celle ille du royaume de Mallorque n'avoit de nulle condicion de beste sevest que serfs et lapareux.

LE RÉAUME DE MALHORQUE.

Item, aprés que le bon tamps fut venu, je parti dudit port d'Alcudie et tiray à l'avant, passant pardevant l'isle de Menorque, où l'en conte : lx. milles.

Item, d'icelle ditte isle de Menorque entray en le guolf de Lion qui est unne mer où l'en ne trouve fons ; le guolf dure .cc. lxxx. milles ains que l'on ne soit déhors, sens veoir terre de nulle part.

Item, saillant d'icelluy guolf de Lion, il avint ung jour de dimenche, à eure de mydi, le .xiiij. jour de may, pluseurs dalfins vindrent prés de la nef, et le patron d'ycelle les tira d'une lance à un fer branqu, liée à ung cordell, et en férut ung qui fut mis dans la nef, et d'illeques fut départi à une des deux nefs que alloient en notre compaignie ; et come nous ajustions pour en donner à l'autre, se leva ung vent fort qui fist férir notre nef, du chasteau d'avant à l'autre, sur le chief derrier, si grant cop qu'il emporta les chambres secretes en la mer et pluseurs autres tables de l'une nef et de l'autre : et elles si entrelacées que l'on ne les povoit dessenpartir, et ce gastoient l'une l'autre en telle manière que la mer entroit dedens. Si que les patrons des dittes nefs, voïant le meuchief qui ainssi estoit avenus pour celluy

5

poysson, furent grandemant esbaïz, et toux ceulx qui
éstoient dens moult descomfourtés ; qu'il en y avoit
qui se despuilloient et sautoient de l'une nef en l'autre,
si espaventés estoient et crioyent à haulte voix les uns
et les autres à Dieu et à la vierge Marie que nous voulsit
par sa pitié aider et secourrir de cell perill où estiomps.
Et croys fermement que se ne fussent les bonnes oray-
sons que chacun luy faisoit de bon cuer, que nous
estioms en voie d'estre péris et noïés en la mer, que
autre que Dieu ne nous en povoit garder ; d'où estoit
grant pitié de veoir et ouyr les cris et les complains que
les bonnes gens faisoient ; dont loué soit Dieu Nostre Seigneur toutz jours que nous ha bouté hors de celle grant
périll, et luy plaise par sa pitié nous en veuille gardir
et deffendre d'essy avant.

ITEM, après que Dieu nous eut fait celle grace, parti
dudit guolf de Lion et passay pardevant l'isle de Saint
Pierre qui dure .l. milles, où il n'a nulle habitacion de
nulle riens.

ITEM, de l'isle de Saint Pierre à une grant roche
reonde qui s'apelle le Toro : xx. milles, lequel Toro
est bien à l'avant dans la mer tout autour revironné,
et dedens ne demeure nulle personne ne beste, se n'est
que oyseaux.

ITEM, de celluy Toro à .xx. milles plus avant, passay
davant une grant montaigne que l'on appelle le Chef de
Taulat, et illéques nous prist ung vent que fut force que
nous alassons arriere on port de Boutes, qui est en l'isle

du royaume de Sardeigne à .x. milles dudit Chief de Taulat plus en arrière.

ITEM, davant ledit port de Boutes, ha une isle appelée Palmesolz, bien grant, qui tient de tour .xx. milles, et .x. d'ample, environnée de mer tout autour, en lequelle isle demeurent chevaux, èques, motons, cervis et chiens sauvatges qui y naisent dedens de leur nature ; et sur l'entrée de celle isle, ha un pont de pierre où il ha .vij. arxs fais de mein d'ome, lequel pont ha de large quatre brasses et cent de lonc, et par nulle autre part l'on ne puet entrer meyns de bateau, et en ledite isle se recueill blé deux fois l'année.

ITEM, quant le bon vent fut venu je parti dudit port de Boutes, et retournay arrière au Chief de Taulat, et de là tiray au chasteau de Caille, port de mer et cipté qui est en leditte isle de Sardeigne, duquel lieu de Taulat audit chasteau de Caille content .lx. milles ; et le chasteau est en avantatge de roche, et trois villes asson pié, pousées à manière de ung landier, et sont bien grosses et fermées de mur, et la première, quant l'on prent terre, s'apelle la Napolle, ont je estoie lotgié ; et l'autre que est à la main droite, quant l'on entre, a nom Villenove ; et l'autre de la part sénestre, Estampaig : lequel chasteau et villes tient le roi d'Aragon.

LE RÉAUME DE SARDEIGNE.

ITEM, partant dudit chasteau de Caille, passay par davant Sainte Marie de Carbonaire qui est à .lx. milles de Caille.

ITEM, de Sainte Marie de Carbonaire en Trapena, ou royaume de Cessille : clxxx. milles, et trouve l'on une ille qui s'apelle Marempne où il ne abite riens fors que sauvoizines.

ITEM, après l'on trouve deux ylles : l'une s'apelle la Yuissie et l'autre la Fonhane, en lequelle a ung chasteau du roy de Cessille, et cestes deux ylles sont prés l'une de l'autre, et de la susditte ille de Marempne à cestes deux ylles, ha .xx. milles.

ITEM, après l'on trouve une autre ylle qui se fet nompmer la Pantanallée, lequelle ille est toute poblée de Sarrazins fors tant que il y a ung chasteau de Crestiens que se tient par le roy de Cessille, y est à .lx. milles desdittes deux ylles de la Yuisse et de la Fonhane.

ITEM, de laditte ylle Pantanallée à une ille en la couste de Cecille que s'appelle Marsalle : lx. milles.

ITEM, de Marsaille à une autre ylle que l'on appelle
Matzare........................... xv. milles.

ITEM, de Matzare à la cipté de Chaque.. xxx. milles.

De Chaque à la cipté de Gergent........ xl. milles.

De Gergent on chasteau de le Lieuquate. xxx. milles.

De le Lieuquate à la ville de Terre Nove. xxx. milles.

De Terre Nove on Chief de Ressequaram. xl. milles.

De Ressequaram on chasteau de Chicle. xv. milles.

De Chicle au chasteau de Poussaillo.... x. milles.

Del Poussaillo à un chief de ille que s'a-
pelle Capoupasser..................... xxx. milles.
et ou .iiij. lieu est une tour déserte, la tour de la Marcée,
ont ha un port que ce nomme le port de Pals où il ha
une chapelle.

ITEM, de Capoupasser à la ville de Cuille que est sur
une montaigne : xx. milles, et au port de la mer esta
une tour qui s'apelle le tour de Bendique, on les tient
garde pour les Sarrazins.

ITEM, d'icelle tour à la cipté de Saregosse on royaume
de Cessille : xx. milles, sur l'entrée de lequelle qui
vient pour mer, ha ung tres beau chasteau, hors de
leditte cipté ung triet de pierre, nommé Termeniaig, et
est quairé; en chacun quayré une tour reonde; et par
dedens tout vouté de pierre sans null ovratge de fust, et
la fontayne d'eue fresche liens au fons du chasteau, où
l'on dessen par ung degré bien lonc; le mur ha d'ample

deux grans brasses au plus estroit. La entrée de la porte
est faite de grans pierres de marbre ; le mer le va autour, ce n'est devert la cipté, laquelle aussi le mer en-
vironne de l'un costé, et de l'autre, nessen fault la
montance d'un giet de dart. Illéque ha ung autre chasteau loing de le cipté bien .ij. traitz de pierre, lequel
s'apelle Marquet ; et à chacune part dudit chasteau ha
unne murrete qui vient férir à la mer où nulx de leditte
cipté ne peut saillir ni entrer, ne nulle beste, ce n'est
que au pié de celluy, ha ung portel où convient à passer,
à grant dangier du chasteau, qui par mer nessen veult
aler ; et leditte cipté est entre ceulx deux chasteaux,
bien enmurrée et bastie sur bonne roche tout autour, et
tient grant perprise.

LE RÉAUME DE CESSILE.

ITEM, dehors toute le cipté à deux treitz d'arbalestre,
ha une église de Sainte Lussie, prés de lequelle a une
petite chapelle, soubs lequelle ha une caverne de roche
où l'en dessent par .xxxij. eschalons, en lequelle la bein
eurée sainte demouroit en dévocion et faisoit pénétance ;
et les mescréans li misrent serpens pour la fère mangier. Mes onques ly firent null mal, mes puiz les mescréans la tuérent à une dague, et fut sepellie illeques en
ung bars de roche où misrent son corps, lequel ha esté
amblé par les Genevois de .lx. ans enssa.

ITEM, plus avant deux treitz d'arbalestre est la église
où saint Jehan évangéliste escript ung livre : et de soubs
leditte église ha une chapelle de roche faite en croix où
l'on dessent par deux degrés, et l'un est de . xxvj. eschalons, et l'autre de . xxxj. En lequelle chapelle est le pilier
où fut flagellé ledit saint Jehan, lequel est de marbre et
ha . x. palms et demy de gros, et bien autre tant de lonc ;
et sont . vj. autels en leditte chapelle où ledit saint Jehan
chantoit messe ; et venant d'icelluy lieu à la cipté, est
l'ostel où sainte Lucie nesquit, et par la vertu de Dieu, y
est naissue unne fonteyne, et maintenant hi ont fait unne
chapelle.

ITEM, partant de celle ditte cipté de Saragosse à . x.
milles en la mer, en celle mesme partie, l'on veoit le
chasteau et ville d'Aguoste, chief de contée.

LE GUOLFE DE CRETE.

ITEM, après l'on entre en le guolf de Crete, lequel
guolf dure . vij.ᵉᵉ milles, et passe l'en pardavant le
royaume de Calabrie, et de Calabrie, pardavant la du-
chie de Cheffallonie qui est une ille pour soy à . cccc.
milles d'Agoste, de lequelle ylle susditte à la ylle du
conté de Jassenton : xl. milles.

ITEM, du Jacenton à les deux ylles qni ont nom les
Tamsphanies : xxx. milles.

ITEM, de les Tamphaines à la cipté de Modon qui est
en terre ferme, on principe de le Moureye : l. milles,
devant lequel est le ille de Sapience à .iij. milles dudit Modon.

ITEM, de la ditte ylle de Sapience on lieu de Corron
en cell mesme païs : xviij. milles.

ITEM, de Corron au chief de Maleye Matapan : lxxx.
milles, dens lequel est le port de lez Cailles où ce dit
qu'elles vont prendre port quant passent le mer.

ITEM, dudit chief de Maleie Matapain, au chief de
Saint Angel qui est le derrier chief du principe de la
Mourée : lx. milles ; entre lesquels est le guolf du
chasteau Raupa et le guolf de le Levenque : de vezint ces
deux, le ylle du Semy en lequel Jhésu Crist se démostra
cruciffié à Saint Estassi ; et de cest païs fut entiquemant
seigneur le roi Menelaus, mary de le belle royne de
Gresse qui avoit à nom Heleyne, lequelle par force s'en
apourta Paris en Troye.

ITEM, dudit chief de Saint Angel jusques à la ylle de
Setvill : x. milles, lequel antiquemant fut nonpmée
Sitarée, dans lequel ylle est le temple de la déesse Vénus, ont la dessus ditte Helleyne estoit vennuc fere
oreison ou sacriffice, quant ledit Paris la prist et lass'en-
mena, comme dessus est dit.

ITEM, davant seluy dit Setvill, a ung petit roc en la
mer désert, qui a nom Lou, et au plus hault est l'aue
fresche, et si est abondons en bestiars comme sont motons et chieuvres, et près de cest dit roc, a trois autres

rocxs désert à qui disent : tria, deux et as; et en celluy lieu comence l'on entrer en l'Arcepellée, lequel est une partie de mer moult copieuse de ylles poblées et désertes qui antiquemant se appelloient les ylles Ciclades ; qui estoient jus la seignorie des rois des Grecx, et aujourduy est de divers seigneurs; et ledit Arcepelée est partit par iij. escheles, le une si ha nom de Tresmontane, l'autre a nom eschelle Meyane, et l'autre, eschelle de My jour, par lequel je passay, allant en ledit pelegrinatge, où trouvay les ylles cy desoubz escriptes.

Item, partant de la ditte ylle de Setvill, trouvay le ylle du Sequillo qui est loing .xxx. milles, lequelle ylle fut par tamps poblée et à présant est déserte ; toutes foix y a moultz bestiaux sauvatges, come sont chevaux asnez, motons, porcx, chévres, serfs et d'autres bestes sauvaizines.

LE ILLE DE CANDIE.

Item, au partant de laditte ylle du Sequillo ha .xxx. milles, trouvey le grant ylle de Candie que huy est jus le seignorie des Venessiens, lequel entiquemant fut appellée le ille de Cret, et pour ceste raison est ainssi appellée le guolf de Cret ; et furent seigneurs et rois antiquemant de ceste, Saturnus et Jupiter, et les déesses Venus et Juno qui fut suer et fama de Jupiter, lesquelles antiquemant les gentils colloient pour Dieux; et de

leditte ylle fut roy ycelluy just et doeturier Minus qui en
son temps ne après, en exerssisse de justice ne eut per;
de le moitte duquel fu née à celle merveilleuse et orrible best qui fut appellé Minotaur, qui fut enfermée et
enclouse dens celle entrigade meson faite par Dedelus,
merveilleux maquanit, lequelle meson fut nommée Le-
barinte et aujourduy par moultz est vulguelmant appellé
le cipté de Troie : en lequel meson estoient condampnés
à être mis les jeunes filz des Héténésiens, par vengance
de le mort des Endrogeux, filz dudit roy Minus, jusques
tant que, par le sort, y fut tramis le proux et vaillant
Tezeu, fils de Egeu roy de Attenes, condampné à estre
dévoré par ledit Minotaur, lequel Tezeu, par consseil et
ajude de Adriane, fille dudit roy Minus, oussit ledit Minotaur et eschapa du périll de leditte meson Labarinte.

ITEM, du chief de leditte ylle de Candie jusques à la
cipté de Candie : c. milles, en lequelle cipté font les
nefs et les carraques de siprés, devant lequel, à .x.
milles, ha une ylle appelée l'Escandeye où demeurent
auquns hermitens.

ITEM, plus avant de leditte Escandeye, loing .v. milles
dens le mer, ha unne roche reonde appellée Lou, en
lequel demeure un hermite.

ITEM, à .xx. milles plus avant ha une ylle qui a nom
la Plane, lequelle est déserte et sens nulle habitacion.

ITEM, de la ditte ylle de la Plane à la ylle de Scarpento : c. milles, et celle yille est poblée et est en la
seignorie du grant mestre de Rodes.

Iᴛᴇᴍ, de celle ylle de Scarpento trouvay la ylle du Saint Nicolas du Carqui à .lx. milles, lequelle est poblée, et de le seignorie dudit grant mestre; et se dit que pour preguiéres du bieneuré saint Nicolas, nesun fer en laditte ylle pour labour que l'on ne face, n'en se puet rompre ne uzer.

Iᴛᴇᴍ, de laditte ylle de Saint Nicolas jusques à la ylle de le Piscopeie ha .x. milles, lequelle est poblée et de le seignorie susditte.

Iᴛᴇᴍ, de le ylle Piscopeie à le ylle de lez Semies, ʟ. milles, ille poblée et en la ditte seignorie.

Iᴛᴇᴍ, de les Semies à les ylles nommées Escuells de Saint Paul .v. milles; et ce son ylles désertes.

LE ENPIRE DE GRÈCE.

Iᴛᴇᴍ, des ylles sus dittes à la cipté de Rodez .xxx. milles, où je arrivay le jour du corps de Dieu, lequelle cipté est proche le mer et en une grande ylle pour soy mesme, en le empire de Grèce. Et c'est le derniere ille du susdit Arcepellée et le chief de la religion de Saint Jehan, où toux tamps continuement demeurent grant nombre de chevalliers qui toux dis mayntienent le guerre contre les Sarrazins pour mer et pour terre,

que, me semble, font aussi bien comme les autres crestiens qui font la guerre entre eux mesmes, et ont plus
le cuer à destruire l'un l'autre, qu'aler contre les mescréans de le foy Nostre Seigneur.   +

En lequelle cipté avoit ung jeune chevallier bon et
sage, de grant lignée du royaume de Navarre, qui
s'apelloit messire Sancho de Chaux, et estoit frère de
messire Jehan de Chaux vicomte de Vaiguier. Et pour
ce que à moy estoit nécessaire avoir ung chevallier
aveque moy, à me fère chevallier au saint Sepulcre, je
pris celluy pour les choses sus dittes, et pour les bonnes
meurs et costumes que je cognoissoye en luy, et le
bonne renompmée qu'il avoit; lequel chevallier en
heut très grant joye, et de très bon tallant, s'en vint
aveques moy en Jhérusalem où il me fist chevallier,
devant le saint Sepulcre Nostre Seigneur, ung samedi
le .viii⁰ jour du moys de julhet, l'an que l'on comptoit
mil. cccc. xix.

ITEM, partant de la ditte cipté de Rodes, passay en
ung chief qui a nom Séticaps et c'est au païs de Turquie à .lx. milles loing de Rodes, où il ha une généra-
cion de gens qui s'apellent Turcx, lesquelz sont contre
le foy et la loy de Dieu Nostre Seigneur.

ITEM, de Seticaps à .xl. milles plus avant trovay ung
chasteau près de mer, dudit grand mestre de Roddes
qui s'apelle chasteau Rog, lequel est dedens le païs de
le ditte Turquie.

ITEM, de celluy chasteau Rog plus avant .xxx. milles,

a une ille déserte apellée Cacomo, et, entre ycelle et la terre ferme, ha un port moult bel et grant, lequel en tamps passé solloit estre cipté qui s'en entra à fons, et encores aujourduy aparent grant partie des hostels et mesons en le fons de le mer. Et devant ledit port, en terre ferme de Turquie, deux mille dedens terre, ha ung chasteau qui s'apelle Saint Nicolas de Morrée, prés duquel ha une cipté déserte qui en tamps passé fut appellée Mirrée, de lequel fut éveque le beneureu saint Nicolas.

Item, de le ditte ylle de Cacomo à .l. milles en terre ferme de Turquie, est lo chief de Séridoines davant lequel à une mille, sont deux ylles desertes : le une appellée Saint Pierre, et l'autre, Séridoine ; en les queles ne croist riens, si ne sont choux sauvatges.

Item, du chief de Séridoines à .clx. milles c'est le chief de Saint Piphani, le premier chief de le ylle du royaume de Chipre.

Item, du chief de Saint Piphani jusques à la cipté de Baffe, ha .xxx. milles, ondit royaume de Chipre ; lequel cipté fut jadis la mestre cipté dudit royaume, et fut par les gentils consacrée à la déesse Venus en temps où tout le dit royaume et illéques édiffiérent ung grand temple.

Item, de celle dite cipté de Baffe au chief du Guavata en Chipre .l. milles. En ledit chief ha ung monestir de Calogeres greex qui s'apelle le monestir des Guatz ;

car y tiennent moult dez guatz, pour destruire les serpens aspis que demeurent alentour d'eux.

Item, ha .cclx. milles plus à l'avant dudit chief de Guavata, est la cipté de Japhe, en terre de Sarrazins, devant lequelle les autres deux nefs furent mises, la vespre de saint Pierre et de saint Paul, ung poy d'avant midy, le .xxviij° jour du moys de juing; en lequel cipté l'on dit que fut premiérement tractée la mort de Nostre Seigneur Jhésu Crist, et au tamps passé leditte cipté fut conquistée pour les crestiens et destruite; quant à présent n'y a nulle habitacion, et devant celle je demouray en la nef sans saillir en terre deux jours, que furent venus devers moy ung des frères Meneurs de ceulx qui gardent le saint Sépulcre, et ung autre home de trois que sont, qui demeurent par dellà, consols pour les crestiens; lesquels me portarent sauf conduit du Soudain de Babiloyne qui tient toute celle terre de mescréans en sa main. Alors je sailli hors de la nef et pris terre à ladite cipté de Japhe, le premier jour du moys de juyllet; et furent venus audit port le lieutenant du Soudeyn et plusieurs autres Sarrazins et mescréans aveques luy qui s'en allérent en moy en Jhérusalem.

LA SAINTE TERRE DE JHÉRUSALEM.

Item, en ycelle ditte cipté de Japhe, saint Pierre l'apostre aloit peschier pour le mer, et y est ung houstel de pierre reont, fait à manière de ung colombier desoubz terre, où il demeuroit. En lequel hostel Nostre Seigneur se apparut ally, et là ledit saint Pierre resuscita une femme qui avoit nom Tabita, qui estoit servente dez apostres ; et de cousté celle ostel, en ha ung autre ung poy plus mendre, fait de celle manière où saint Paul demoroit, et après, un autre petit ostel où saint Andrief estoie, et en toux ceulx lieux ha perdonances, comme porres veoir plus avant en cest livre.

ITEM, de toute celle nuyt que je fuy arrivé à leditte cipté de Japhe, ne m'en parti jusques au lendemain, entre midy et eure none, que m'en allay ha une ville merchande que s'appelle Rames qui est ha .xij. milles plus avant, en lequele se dizoit que nasquit le glorieux saint monseigneur saint George et aussi saint Marssal, duquel, ce luy plest, j'ay azouré sa précieuse teste à la cipté de Lymotges, en le duché de Guyenne. Et en ceste dite terre de Jhérusalem l'on compte trois milles pour une lieue.

ITEM, ha .ij. milles de Rames à la senestre main, a une cipté que l'on appelle Lidie, et est dissipée et desfaite, excepté le grant église qui aussi bien est le majour partie rompue, en lequelle monseigneur saint George fut marturizé et décollé pour les hennemys de le foy, davant le grant autel, où présent ha un ung aultre autel, où je fis dire messe de monseigneur saint George, présens plusieurs Sarrazins qui n'avoyent guiéres dévocion, dont je avoye grant despit de leur contenence que faisoient au précieux corps de Nostre Seigneur qui nous ha toux fourmés et resemus ; et les faux chiens n'en tenoient compte, ains s'en moncoyent, en cette ditte église à grant pardonance, lequelle tiennent les Grex tant come se monte ses deux autels sus dis, et le plus de l'autre partie, les Mouros ; et haut sur le clochier ha ung petit houstel reont ont les ditz Morous crient de lassus hault à leur Baffomet de Mèque, en leur lantgatge, seguont leur mauvayse ordenance, nuyt et jour à certaynes heures. Et alant à leditte cipté de Lidie, près du chemin à main destre, l'on trouve ung figuier, que l'on dit, est de ceulx de Faraon, lequel figuier porte son fruyt au corps du albre.

Item, après que laditte messe de monseigneur saint George fut ditte, je m'en tournay à Rames en lequelle ville demouray pour quatre jours, et après que les .iiij. jours furent passés, je me mys à chemin sur le mye nuyt, pour ce que les challeurs de seu pays sont se grandes et males que à paines est que gens ne demeurent mourtz sur les chemins ; et m'en allay le droite voye à la sainte cipté de Jhérusalem, on grand désir et voulenté, à voie destre, lequelle est plus avant de Rames .xxxv. milles, en lequele je arrivay ung jour de geudi, à heure nône, le .vi^e. jour du susdit moys de juillet, et là fuy logié en ung grant oustel qui est davant l'églize du saint Sépulcre.

Item, à le mye nuyt, les frères Meneurs que gardent le saint Sépulcre me vindrent quérir et moy menérent on grant lumière, par toute la cipté de Jhérusalem en toux les saïns lieux où nostre Seigneur Jhésu Christ avoit été entre les faulx Juifs quant le menoient si cruelmant ; et puis me menérent hors le ditte cipté en la vaill de Josaphat où est le saint Sépulcre où le précieux corps de Nostre Dame fut mis et pousé, après qu'elle fut tres- passée : duquel sépulcre les angels le prindrent et l'enpourtèrent au siel, et là passarent par unne fenestre haulte qui est au cuer derriere ledit sépulcre, auquel sépulcre ha une grant églize où l'en dessent par .xlix. degrés de pierre ; et la clef de celle ditte églize tiennent les Sarrazins, et fault payer argent ha eux qui entrer y veult ; et en celle ditte vall Josaphat se dit que nostre Seigneur venrra fère le jutgemant, plaise à luy que soit bon pour nous et par toux fielx crestiens.

Et partant de leditte vall Josaphat, allay au mont d'Ollivet duquel lieu nostre Seigneur s'en munta au siel et lessa le fourme desson pié en une roche, dens une chapelle qui est au mylieu de l'églize, lequelle est en une monteigne faite en reont ; et monte l'en par .xix. degrés de pierre, en lequelle aussi fault apaier qui dedens veult entrer ; et de celluy mont d'Ollivet je tiray en Galilée où les apostres furent envoyés par l'angel, et là Jhésu Christ se aparut à eulx, et d'equi en hors m'en allay à Montession où Nostre Seigneur fit la cène à cez apostres, duquel lieu m'en retournay en la cipté de Jhérusalem.

ITEM, celluy mesme jour que je fuy arivés en Jhé- rusalem et venu des saïns lieux où part dessus avez oy, et estoit venrredi, le gardien et lesdiz frères Meneurs

me vindrent serchier à l'eure de vespres par aller à la
sainte églize du saint Sépulcre nostre Seigneur. Si que
je m'en alay avesques eulx ; et quant fuy davant laditte
églize, à ung grand pavement qui est davant ycelle,
je trouvay laditte place presque pleyne de Sarrazins ;
et à la porte du saint Sépulcre, avoit ung grant hofficier
d'eux avec sertains autres qui gardoient laditte porte,
et par avant que null entrasse dedens, prenoient de
chascun sertain treuntatge, et puys les metoyent dedens
l'un après l'autre, toux par compte. Et quant je fuy
liens, eulx fermérent le porte en bonne clefs et le
scellérent. En tel manière demouray toute celle nuyt
davant le saint Sépulcre lequel est en laditte églize bas
loing du cuer, par soy mesmez environné d'une chapelle tout autour en reont, faite de voute qui n'est pas
guières grant ; et celle mesme nuyt je confessay, et
quant se vint lendemein qui estoit samedi et du mois
de juillet le .viij°. jour, l'an mil .cccc.xix. je entray en
celle ditte chapelle où le saint Sépulcre estoit, ouir ma
messe de monseigneur saint George sur l'auter du
saint Sépulcre Nostre Seigneur ; et après qu'elle fut
chevée, et moy reçeu Nostre Seigneur, celluy plaist, le
bon chevallier que dessus vous ay nommé, me donne
l'ordre de chevallerie, et moy signe l'espée et les espé-
rons dourés, et me frappe .v. coups, ha honneur des
.v. plaies Nostre Seigneur, et ung ha honneur de monseigneur saint George ; et puis le frère religieux qui la
messe avoit chantée qui encores estoit revestu, entre
luy et ledit chivallier me baillérent laditte espée toute
nue en la main, moy estant à genoulx disant en ceste

manière : que je prenoie celle espée en honneur et révérence de Dieu et de mon seigneur saint George et pour garder et deffendre sainte Eglise, et encontre les hennemis de le foy; et en celle point je la mys en la gueyne que j'avoie cintée. Toutes foix, par avant me firent promettre et jurer .vi. choses sur ledit autel du saint Sépulcre, ainssi qu'il est acoustumé de faire à toux ceux que, en cell saint précieux et digne lieu, prennent ordre de chivallerie. Lesquelles dittes chouses s'ensuivent.

CI ENSUIVENT les serements que font les chivalliers on saint Sépulcre Nostre Seigneur en Jhérusalem lequel je NONPER, SEIGNEUR DE CAUMONT, DE CHASTEAU-NUEF, DE CHASTEAU CULLIER et DE BERBEGUIÈRES, ay fait pour le plaisir de Dieu le .viij°. jour du mois de juillet, en l'an de l'incarnacion mil. cccc. xix.

PREMIER, il promettent garder et deffendre sainte Eglize.

SECONDEMANT, de aidier à toute sa puissance à conquester le Terre sainte.

TIERCEMENT, de guarder et deffendre son pueple et fère justice.

LE QUART, de garder saintemant son mariatge.

Le Quint, de non estre en lieu ou place où soit faite nulle traïzon.

Le Sisème, de deffendre et garder les veufves et orphelins.

Item, après que nostre Seigneur Dieu Jhésu Christ m'eut fette le grace d'avoir fait et comply les chouses sus dittes, je fie mettre le banière de mes armes toute desplée, en laditte églize du saint Sépulcre. C'est assavoir ung esqu d'azur à trois lieuparts d'or, onglés de gueulles et coronnés d'or, lequelle fut mise au costé dez armes du roy d'Angleterre; et quant ce vint l'eure de prime, lez Sarrazins furent venus à le porte de la ditte églize sainte, et moy achevé entieremant par la grace Nostre Seigneur, ce que je voulloie, et moult désiroie, ne fis autre demeure, mes je m'en alay vert laditte porte pour saillir déhors où trouvay les Sarrazins qui estoient venuz pour la obrir; et à la yssue nous contèrent et nous firent païer par la manière du jour d'avant; et fait cella, je m'en tournay à mon lotgemant en la cipté disner.

TERRE DE JUDÉE.

Item. Quand je fuy disné, je parti de Jhérusalem et m'en alay en Bellem que est une cipté dissipée à .x. milles de Jhérusalem; en lequelle cipté ha une grant églize bien gente, et là nesqui le fils de Dieu de le pucelle vierge Marie, auquel lieu a ung autel où je ouy messe de la Nativité, et davant cest lieu est le grépe du buef et de le mulle où Nostre Dame rescondit son chier enfant Jhésu Christ, par doubte du roy Herodes qui faizoit tuer les ignocens, et aussi davant cest lieu ha ung autre petit autel où je ouy autre messe de la Nativité et demouray, tout celluy jour et toute la nuyt, en laditte cipté de Bellem.

ITEM, lendemein haulte eure, je parti de Bellem et m'en alay vers la montaigne de Judée où est la meson de Zacaries; ha .v. milles, et à la main sénestre, ha nng lieu qui s'appelle Capharneum, lequel estoit de Centurion où ce dit que fut fait l'encluge où les cloux de Nostre Seigneur furent forgés; en lequelle mezon de Zacaries sainte Helizabet porta escondre son filz saint Jehan Babtiste, quant les Juifs le serchoient, et le mis en une roche lequelle, sitost come l'enfant y fut pousé, se alla obrir, et lez Juifs qui le serchoient, ne le purent onques trouver. En cest lieu ha une chapelle, et près d'icelle en ha une autre où Nostre Dame fist le *Magnificat ;* en lequelle demeurent sertains Herminis qui chascun jour y font l'office, cellon leur ordenance. Et près de ceste ditte meson de Zacaries, est le meson où ledit saint Jehan Babtiste nesqui; de lequelle je m'en retournay en le cipté de Jhérusalem où l'en compte .iiij. milles; et entre ceste meson de saint Jehan Babtiste et leditte cipté de Jhérusalem, en my la voie, est l'albre duquel se dit

fut faite une partie de la croix Nostre Seigneur. Et celle
mesme nuyt que je arivay en Jhérusalem, entray autre
foix au saint Sépulcre où demouray toute le nuyt jusques au lendemein haulte prime; en lequelle sainte
églize sont .vj. manières de ordes de .vj. généracions :
et premièrement sont les frères Meneurs qui gardent le
Sépulcre; après, les Grexs qui tiennent le grant autel du
cuer de le églize; les Judiens qui ont une chapelle derrier
le saint Sépulcre; les Hermines au mont de Calvaire en le
chapelle où est le lieu où fut cruciffié Nostre Seigneur;
les Crétiens de le centure, et les Jacobins tiennent les
quatre chapelles qui sont en la place devant leditte
sainte églize. Lesquels chacun d'eux s'y font leur office,
nuyt et jour, sellon la manière et usatge de leur pays
que est moult estrange. Et ceste églize du saint Sépulcre
est bien grande et belle, et est fette d'une guize moult
estrange; et il y a ung beau clouchier et hault de
pierre, mès il n'y a nulle campane, car les Sarrazins
ne le veullent; aussi ledite cipté est bien grande, et
devers l'une part est la vall Josaphat que est bien
longue; et d'icelluy cousté est leditte cipté plus haulte
que de nulle autre part; et par dedens sont quatre rues
principaux, toutes d'un renc et longues tant comme
ung home pourroit tirer la pierre en deux traitz, et par
dessus sont toutes voutées de belle pierre bien gentement; et au chief de ceste cipté, devers le mont
dession, est le chasteau du roy David.

LE DÉSERT DE GÉRICO.

ITEM, ores avint quant je huy visité le saint Sépulcre et les autres sains lieux dens la cipté de Jhérusalem, et ceulx déhors, je fis mes ordenances pour aller au désert de Jérico et au fleuve Jordain. Car en celluy païs ne ha nullz vivres ne eschessement de l'eue, et pour ce je fis porter aveques moy de vitailles celles qui à moy estoient nécessaires; et pour ce que ceu païs est périlleux pour le maulvaize gens qui liens habitent qui ne vivent que de rouberie et de ce de autruy, je fis tant que j'eu le nepveu du seigneur d'eulx, qui vint à moy acompaignié de quelques .xx. parsonnes aveques luy, lequel fut mon conduit par tout cell païs, aller, revenir. Et ainssi parti de Jhérusalem et fis mon chemin droit à la cipté de Bétanie qui est à .ij. milles, et est destruite que poy de gens y demeurent, mes il y a une églize en lequelle est la tombe où Nostre Seigneur ressuscita le Lazer qui avoit été mort .iiij. jours. De leditte cipté m'en allay au désert de Jérico où il ha .xviii. milles, auquel désert est le grant montaigne où Nostre Seigneur Dieu Jhésu Christ jeune le caranteyne dans unes cavernes de roches que sont au mylieu de le montaigne; et au bout des .xl. jours Nostre Seigneur commensse avoir ung poy de faim[1], et le diable vint à luy pour le tempter qui ne savoit pas que fus celluy serteinemant, et le pourta toute sa faude pleyne de pierres, et luy dit : *Si filius Dei es, fac ut isti lapides panes fiant*, c'est à dire, ce tu est le filz de Dieu, fay que cestes pierres soient faites pain.

Nostre Seigneur lui respondit : *Non in solo pane vivit homo, sed in omni verbo quod procedit ex ore Dei.* Que veut tant dire : non tant solemant vit l'on de pain mès de le parolle que procedisse de le bouche de Dieu. Puis le diable le prist, et Nostre Seigneur se lesse porter à luy au plus hault de le montaigne, et de lessus le diable li monstra tous les régnes du monde et le dit que l'en faroit seigneur s'il le voloit azourer. Et Nostre Seigneur li respondit : *Unum solum Deum adorabis et illi soli servies;* c'est à dire, ung seul Dieu azoreras et ycelluy suel serviras. Après, le diable le monta sur ung hault pinacle de roche et le dist : *Si filius Dei es, mitte te deorsum quia escriptum est in psalmista : Angelis suis mandavit de te ut custodiant te in omnibus viis tuis, in manibus portabunt te ne fortè offendas ad lapidem pedem tuum.* C'est à dire, se tu est filz de Dieu, lesse te cheoir de bas, car escript est en le psalmiste que Nostre Seigneur a ordénié aulx siens angels que toy gardent en toutes tes voyes, car te porteront en les meyns pour ce que par aventure ne te faisses null maul à tes piés. Auquel diable Jhésu Christ respondit :

[1] S. Matthieu, ch. IV.

Vade retro, Satana, non temptabis dominum Deum tuum. Que veult tant dire : vat-en derriere, Sathanas, no temptaras le Seigneur ton Dieu. Et lors le diable le lessa, et les angels le vindrent aministrer. Et après ce que j'eu esté au dit lieu où avoit feit le jeune, je m'en descendi bas au pié de le ditte monteigne à ung monestire de saint Jehachim où le nuyt davant je avoye lotgié.

LE FLEUVE JOURDEYN.

Item, d'icelluy monestire de Saint Jehachim je m'en allay vers le fleuve Jourdayn qui est à .x. milles ; et premiéremant l'on trouve, par dessa ledit fleuve une mylle, ung lieu qui s'apelle Saint Jehan où est le première églize que fut faite ; auquel fleuve Jourdeyn Nostre Seigneur fut babtizé par saint Jehan Babtiste ; et dit Nostre Seigneur dessa bouche : que toute personne qui dens ledit fleuve se lavaist, qu'il fusse lavé de toux ses péchiés. Et pour cette raison et honneur et révérence de luy, je m'y baigney et me mis tout liens. Ce fut le .xij°. jour du moys de juillet ; près duquel fleuve est une mer ont soloient estre édiffiées les ciptés de Sodôme et Gomorre et trois autres qui fondirent en abisme par le péchié de luxure ; et à présent s'apelle le mer Morte, dans laquelle ledit fleuve Jourdein s'en entre et passe pour le my lieu, sens soy mescler avec leditte mer. Et deves savoir que c'est au pays d'Arabie où il ha une gé-

néracion de gens qui s'apellent Alarebs qui ne portent
vestu que lez chemizes longes jusques à terre, et sur
le testu ung chapeau lié à une toille ; et vont toux à pié
fors que aucuns qui vont à chevau sobre meschantes
bestes qui la plus grant partie sont asnes et petitz soumiers ; et eulx ne portent nulle armeure fors que une
petite verge en le main à ung petit fer que ne vaut
guières tout ; et si vont pies deschaux et sens esperons,
et en telle manière se abillent, quant eulx se vuellent
bien arréer he vont en guierre.

ITEM, quant j'eu ensuités se saintes pérégrinacions, je
parti de ceu pays et m'en retournay en Jhérusalem, par
le chemin que je avoie fait, on grans chaleurs que faisoie
et mal tamps de cheminer, et que les pélegrins ne trouvoient à boire ne à menger ; et tant pour cella que pour
les chaleurs, mouroient par lez chemins. Et là que je
fuy retournés en Jhérusalem, celle mesme nuyt entray
autre fois au saint Sépulcre ; car il est à coustume à
toux pellegrins qui par dellà sont, de hi veiller deux
nuytz he trois au mais que soit. Toutes foix hi ay-je
entré quatre : et cest avantatge dizoient que ne avoient
plus fait ha autres qui yffussent esté. Et pour chacune
entrée et yssue avez à paier argent aux Sarrazins. Ores
ay-je mis en cest livre, tout enséquent, les pellégrina-
cions cy desoubz escriptes, à celle fin que plus clare-
ment chescun les puisse mieux veoir et entendre :
lesquelles pleise à Nostre Seignenr que j'aye ensuités
assauvacion de mon arme et en emandement de ma vie.

CI ENSUIVENT les pérégrinacions, endulgences et pardonances de peine et de coulpe de toute le terre sainte, que je NOPER, SEIGNEUR DE CAUMONT, DE CHASTEAU NUEF, DE CHASTEAU CULLIER et DE BERBEGUIÈRES, ay ensuités par le grace Nostre Seigneur; lesquelles endulgences furent concédées de saint Silvestre, papa, à la requeste de l'empereur Costantin et de sainte Hellène, sa mère, et furent escriptes en la cipté de Jhérusalem le .xiij°. jour du mois de juillet, l'an mil .cccc. xix.

LES PÉRÉGRINACIONS DE LA CIPTÉ DE JAPHE JUSQUES EN JHÉRUSALEM.

EN la cipté de Japhe est le lieu où saint Pierre résuscita de mort Tabite, serviteure dez apostres, auquel lieu ha .vij. ans et .vij. carantènes de vray pardon.

ITEM, le lieu où saint Pierre peschoit;

vij. ans et .vij. carantènes de endulgence.

ITEM, près de le cité de Rames, à main cenestre, est le cipté de Lidie où monseigneur saint George fut marturizé et décolé;

vij. ans et .vij. carantènes de endulgence.

ITEM, la cipté de Rames où fut né Josep qui descendit Jhesu Crist nostre Seigneur, de le croix;

vij. ans et .vij. carantènes de pardon.

ITEM, le chasteau Hemaux où est le lieu où lez deux diciples cogneurent Jhésu Crist en le fraccion du pain, aprés sa resurreccion;

vij. ans et .vij. carantènes de pardon.

ITEM, en ycelluy chasteau est le sépulture de Cléophas qui fut ung des diciples de Jhésu Christ :

vij. ans; vij. carantènes de pardon.

ITEM. Le sépulture de Samuel le prophéte :

vij. ans; vij. carantènes de pardon.

LES PÉRÉGRINACIONS DU PAVEMENT DAVANT L'ÉGLISE DU SAINT SÉPULCRE.

DEVANT l'églize du saint Sépulcre, on my lieu de le place, ha une pierre pour signe, et est dit que en ce lieu Jhésu Crist se repousa pourtant le croix;

vij. ans; vij. carantènes de indulgence.

ITEM, en ycelle place sont .iiij. chapelles : le prémière est fondée de le vierge Marie et de saint Jéhan évangéliste; le segonde est fondée des Angels; le tierce, de saint Jehan Babtiste; le quarte, de sainte Marie Magdalène. Et en chascune d'icelles ha .vij. ans; vij. carantènes de pardon.

LES PÉRÉGRINACIONS DU SAINT SÉPULCRE.

Et premiéremant je diray du Mont de Calvaire où Jhésu Crist fut cruciffié et espandit son sanc et morut pour nous, ou quel lieu ha plenière endulgence de peyne et de coupe.

Item, après se trouve davant le porte de leditte églize le pierre où Jhésu Crist fut mis, après qu'il fut despendu de le croix, et là fut oynt et envolupé d'un linseul de Josep et Nicodème, où il ha pardon de peyne et de coupe.

Item, auprès se trouve le sépulcre où Jhésu Crist fut mis après que il fut oynt, et là repousa trois jours, et de là ressuscita glorieusement; on quel lieu ha plénière endulgence et vray pardon à payne et coupe.

Item, après le saint Sépulcre, ha une chapelle de le vierge Marie, en lequelle se aparut premièremant Jhésu Crist assa mère après sa résurreccion;

vij. ans, vij. carantènes de pardon.

Item, en laditte chappelle ha une fenestre, en lequelle

ha une partie de le columpne où Jhésu Crist fut turmenté en le meson de Pilate;

vij. ans, vij. carantènes de vray pardon.

ITEM, en leditte chapelle, à main cénestre, ha une autre fenestre, en lequelle fut par long tamps le moitié de le croix où Jhésu Crist fut cruciffié;

vij. ans, vij. carantènes de vray pardon.

ITEM, on mylieu de leditte chapelle, a une pierre reonde, et en ce lieu fut esprové lequelle dez trois crois estoit celle de Jhésu Crist, par ung corps mort qui en ce lieu fut, ressussita tantost que touche le croix de Jhésu Crist;

vij. ans; vij. carantènes de pardon.

ITEM, au déhors de leditte chapelle, au pié du dégré, a une pierre reonde, et en ce lieu se aparut premier Jhésu Crist à Marie Magdalène, le quérant, en forme d'un ortolen;

vij. ans; vij. carantènes de pardon.

ITEM, à la main cénestre, est une chapelle qui est appellée le chartre de Jhésu Crist, où il fut enchartré tant comme on disposet le partus de le croix, l'eschelle, les cloux et les autres insturments convenables par le mort de Jhésu Crist;

vij. ans; vij. carantènes de pardon.

ITEM, en alant autour du cuer de l'églize, se trouve

le chapelle où lez chevalliers divisérent les vestimants de Jhésu Crist;

vij. ans; vij. carantènes de pardon.

ITEM, se trouve, après, une chapelle où fut trovée le croix, le lance, lez cloux, le coronne; en lequelle ha vray pardon de peyne et de coupe.

ITEM, auprès se trouve le chapelle Sainte Hellene;

vij. ans; vij. carantènes de endulgence.

ITEM, est une autre chapelle, en lequelle est ung autel soubz lequel est une columpne à lequelle fut lié Jhésu Crist et coronné d'espines;

vij. ans; vij. carantènes de pardon.

ITEM, on mylieu de l'églize a une pierre qui se appelle le mylieu du monde;

vij. ans, vij. carantènes de endulgence.

LES PÉRÉGRINACIONS DEDENS LA CIPTÉ DE JHÉRUSALEM.

PREMIER, se trouve le meson du mauvés riche qui les migues du pain de sa table ne veullent donner à pouvre Lazare;

vij. ans, vij. carantènes de pardon.

ITEM, le meson de Pilate où Jhésu Crist fut tourmenté et jugié à mort, il y a vraie endulgence de peine et de coulpe.

ITEM, le lieu où Siméon, le Sirénen, fut prié que yl aidaist à pourter le croix à Jhésu Crist; et en ce lieu se tourne devers les filles de Jhérusalem, leux disant que ne plouracent point sur luy mes sus elles et sus leurs enfans;

vij. ans, vij. carantènes de indulgence.

ITEM, le meson de Hérodes où Jhésu Crist fut vestu de blanc, en signe qu'il estoit fol;

vij. ans; vij. carantènes de indulgence.

ITEM, le meson de Joachim et Anne où fut née le vierge Marie;

Pardon de peyne et de coupe.

ITEM, le meson où estoit le vierge Marie quant les Juifs menoist son enfant en le meson de Pilate; et quant elle le vit ainsi mener, elle cheït toute pasmée et come morte;

vij. ans; vij. carantènes de indulgence.

ITEM, le lieu où Jhésu Crist perdona lez péchiés à Marie Magdalene;

vij. ans; vij. carantènes de pardon.

ITEM, auprès, sur unne arche, sont deux pierres

blanches sus lesquelles il est dit que Jhésu Crist se repousa pourtant le croix;

vij. ans; vij. carantènes de indulgence.

ITEM, le temple de Nostre Seigneur où la vierge Marie
fut présentée, où Siméon receput l'enfant Jhésu entre
les bras, le jour de la Purificacion;

Il y a pardon de peyne et de coupe.

ITEM, le porte Saint Estienne par out il passa quant
on le menoit lapider;

vij. ans; vij. carantènes de indulgence.

ITEM, à destre est le porte dorée par out Jhésu Crist
entra en Jhérusalem, le jour de Rams; où il hay vray
pardon de peine et de coulpe.

LES PÉRÉGRINACIONS DE LA VALL DE JOSAPHAT.

ITEM, dehors le cipté, jouste le riuseau de Cédron,
est le lieu où saint Estienne fut lapidé;

vij. ans; vij. carantènes de indulgence.

ITEM, le riuseau de Cédron où fut par lonc tamps
l'albre de le croix où Jhésu Crist fut pendu;

vij. ans; vij. carantènes de indulgence.

ITEM, on mylieu du vall de Josaphat est le sépulture

9

où le vierge Marie fut enterrée, et il y a un vray pardon de peyne et de coupe.

ITEM, en ycelluy vall est une caverne où Jhésu Crist, la nuyt de sa passion, ala ourer; et là, sua sanc et eue pour nostre rédempcion;

vij. ans; vij. carentènes de indulgence.

LES PÉRÉGRINACIONS DU MONT OLIVET.

PREMIER y est le jardin où Jhésu Crist fut pris;

vij. ans; vij. carantènes de indulgence.

ITEM, le lieu où saint Pierre coupa le oreille à Malcus;

vij. ans; vij. carantènes de indulgence.

ITEM, le lieu où saint Pierre, saint Jacques et saint Jehan furent séparés des autres, et où ils se adormirent;

vij. ans; vij. carantènes de indulgence.

ITEM, ung poy plus hault est le lieu où saint Thomas receput la sainture de la vierge Marie;

vij. ans; vij. carantènes de indulgence.

ITEM, on mylieu du mont Olivet est le lieu dont Jhésu Crist voyant le cipté de Jhérusalem, se print à plourer;

vij. ans; vij. carantènes de indulgence.

Item, ung poy plus hault est le lieu où la vierge Marie receput le palme del angel; et là lui fut notifié le jour de sa mort;

vij. ans; vij. carantènes de indulgence.

Item, plus hault, à main cénestre, est Gallilée où les apostres furent envoyés par l'angel; et là Jésu Crist se aparut à eux;

vij. ans; vij. carantènes de indulgence.

Item, de l'autre part, à main dextre, est le mont d'O-livet; et de cest lieu monta Jhésu Crist aux sieux, où il ha vray pardon de peine et de coupe.

Item, en retournant du mont d'Olivet est le lieu où les apostres composérent le *Credo;*

vij. ans; vij. carantènes de indulgence.

Item, auprès est le lieu où Jhésu Crist fist le *Pater noster;*

vij. ans; vij. carantènes de indulgence.

Item, au pié de le montaigne est l'églize de Saint Jaque le Minor qui fist veu que ne mengeroit ne beuroit jusques que Jhésu Crist seroit résuscité;

vij. ans; vij. carantènes de indulgence.

Item, auprès est le sépulture de Zacharie le prophète;

vij. ans; vij. carantènes de indulgence.

ITEM, auprès est la vallée de Siloé, où est le fonteyne où le vierge Marie lavoit les drapellez de son enfant ;

vij. ans ; vij. carantènes de indulgence.

ITEM, auprès est le fonteyne de Siloe où Jhésu Crist envoya le veugle se laver, et tantost recrouva le veue ;

vij. ans ; vij. carantènes de indulgence.

ITEM, auprès est le place où fut séé Isaïe, le prophète, par le mylieu, du seé de bois ;

vij. ans ; vij. carantènes de indulgence.

ITEM, en montant on mont de Sion est le meson où se miserent les apostres quant Jhésu Crist fut pris ;

vij. ans ; vij. carantènes de indulgence.

ITEM, ung poy plus hault est le camp de Alchedemac qui fut achaté des .xxx. deniers dont Jhésu Crist fut vendu ;

vij. ans ; vij. carantènes de indulgence.

LES PÉRÉGRINACIONS DU MONT DESSION.

PREMIER, en venant est le lieu où lez Juifs voulurent ravir le corps de le vierge Marie, quant les apostres pourtoient ledit corps en sépulture ;

vij. ans ; vij. carantènes de indulgence.

ITEM, auprès est l'églize de Saint Sauveur que jadis fut le meson de Cayphe; en lequelle meson est le grant pierre qui fut mise davant l'uis du monument de Jhésu Crist;

vij. ans; vij. carantènes de indulgence.

ITEM, en leditte meson est le chartre où Jhésu Crist fut mis, tant que Cayphe tenoit le consseill avequez les Juifs et que il examinet les faux temoings;

vij. ans; vij. carantènes de indulgence.

ITEM, auprès, en alant on mont Dession, se trouve le lieu où saint Jehan dizoit messe à la vierge Marie après la mort de Jhésu Crist;

vij. ans; vij. carantènes de indulgence.

ITEM, après est le lieu où la vierge Marie trespassa; et il y a pardon de peyne et de coulpe.

ITEM, auprès est le lieu où saint Matthias fut esleu on lieu de Judas, et saint Jacques le Minor, évesque de Jhérusalem;

vij. ans; vij. carantènes de indulgence.

ITEM, le lieu où fut enterré premier saint Estienne avequenes Gamaliel et Abibon;

vij. ans; vij. carantènes de indulgence.

ITEM, auprès sont deux pierres où Jhésu Crist aucune foix preschoit à ces apostres;

vij. ans; vij. carantènes de indulgence.

ITEM, derrière l'églize est le lieu où fut chaufée l'eue dequoy furent lavez les pies dez apostres et rosti l'aignel paschal;

vij. ans; vij. carantènes de indulgence.

ITEM, desoubz l'églize est le cépulture de David et Salomon et pluseurs autres rois;

vij. ans; vij. carantènes de indulgence.

ITEM, dedens l'églize où est le grant autel, est le lieu où Jhésu Crist fist le cène, et où il sacra son précieux corps et dona à ces apostres; et il y a vray pardon de peyne et de coulpe.

ITEM, auprès est le lieu où il lava les piez à ces apostres;

vij. ans; vij. carantènes de indulgence.

Puis se trouve, dehors l'églize, le senache où les apostres recepurent le Saint Esprit; il y a vraie indulgence de peyne et de coulpe.

ITEM, descendant au claustre, se trouve le chapelle où Jhésu Crist se parut à saint Thomas, et où il fut certifié de sa résurrexcion;

vij. ans; vij. carantènes de indulgence.

En s'en alant vers le chasteau de David, est l'eglize de Saint Jaques, et là fut décolé;

vij. ans; vij. carantènes de indulgence.

ITEM, plus outre est le lieu où Jhésu Crist s'aparut aux trois Maries, disant : *Avete;*

vij. ans; vij. carantènes de indulgence.

LES PÉRÉGRINACIONS DE BELLEM.

PREMIER, en le voye, à deux milles, est le lieu où s'apareut le stelle aux trois Roys;

vij. ans; vij. carantènes de indulgence.

ITEM, auprès est l'eglize où fut né Hélie le prophète ;

vij. ans; vij. carantènes de indulgence.

ITEM, dedens l'églize est le lieu où Jhésu Crist fut né, et il y a vraie indulgence de peyne et coupe.

ITEM, auprès, le greppe où il fut mis entre le buef et l'asne, où il ha pardon de peyne et de coupe.

ITEM, à la main destre, est le chapelle où Jhésu Crist fut circuncis al .viij°. jour de sa nativité, et il y a vray pardon de peyne et de coupe.

ITEM, à la main cenestre, est le chapelle où le stelle se desparut aux trois Rois, et où il préparérent l'offrende qu'il firent à Jhésu Crist ;

vij. ans; vij. carantènes de indulgence.

Item, déhors l'églize, on cloitre, est l'escolle de Saint Jéronime où il translata la Bible ;

vij. ans ; vij. carantènes de indulgence.

Item, auprès est le lieu où il fut enterré ;

vij. ans ; vij. carantènes de indulgence.

Item, plus outre est le chapelle où furent mis une partie des innocens que fist ossire Hérodes ;

vij. ans ; vij. carantènes de indulgence.

Item, au déhors de le cipté, en alant à le montaigne de Judée, est le cépulture de Rachel ; .

vij. ans ; vij. carantènes de indulgence.

LES PÉRÉGRINACIONS DE LE MONTAIGNE
DE JUDÉE.

Premier, se trouve le meson de Zacharie où entr... 'e vierge Marie et salue Helizabet, et là, compose *Magnificat* ;

vij. ans ; vij. carantènes de indulgence.

Item, en l'entrée de leditte meison, ha unne chapelle où sainte Helizabet musa saint Jehan pour Hérodes qui faisoit tuer les innocens, et là se trouve le pierre qui se fondit par le musier ;

. vij. ans ; vij. carantènes de indulgence.

ITEM, dessus en leditte meison, est le lieu où Zacharie escript, quant saint Jehan fut né : *Johannes est nomen ei;* et adonc fut rendue la parolle ;

.vij. ans ; vij. carantènes de indulgence.

LES PÉRÉGRINACIONS DE JÉRICO.

ITEM, près de Jérico est le lieu où se seet le veugle, jouste le veugle que Jhésu Crist enlumina ;

vij. ans ; vij. carantènes de indulgence.

ITEM, ainsies que on vigne au désert de Jérico, à la senestre main, a une grande montaigne où Jhésu Crist on milieu jeuna .xl. jours et .xl. nuytz ; et il y a vray pardon de payne et de coupe.

ITEM, au chief de le monteigne est le lieu où le diable pourta Jhésu Crist et ly mostra toux les régnes du monde ;

vij. ans ; vij. carantènes de indulgence.

ITEM, le cipté de Jérico où se trouvet lez serpens de quoy est fait le tiriaque ;

vij. ans ; vij. carantènes de indulgence.

ITEM, à la dextre mein, est le monestire Saint Jéroime ;

vij. ans ; vij. carantènes de indulgence.

LES PÉRÉGRINACIONS DU FLEUVE JOURDEYN.

Iтɛм, jouste le fleuve de Jourdain, à ung tret d'arbalestre, est l'eglize de Saint Jehan Babtiste, où il est dit que Jhésu Crist estoit quant saint Jehan dist trois foix : *Ecce agnus Dei*, etc. ;

vij. ans ; vij. carantènes de indulgence.

Iтɛм, le fleuve Jourdeyn qui divise Judée et Arabe, où il ha vray pardon de peyne et coupe.

Iтɛм, de l'autre partie du fleuve est le lieu où saint Jehan babtisoit Jhésu Crist ; et en ce lieu estoit Bétanie le segonde ;

vij. ans ; vij. carantènes de indulgence.

Iтɛм, après se trouve la mer Morte qui fut créé de pluye et de feu, quant Sodoma et Guomorre et les autres ciptés fondirent, et en ycelle entre ledit fleuve de Jourdain ;

vij. ans ; vij. carantènes de indulgence.

Iтɛм, outre celle mer, est le cipté de Ségor où se sauva Loth du feu des dites cités ;

vij. ans ; vij. carantènes de indulgence.

ITEM, jouste le ditte cipté, en le voye, est le estatue de seel en laquelle la fame de Loth fut convertie;

vij. ans; vij. carantènes de indulgence.

CI FENICENT LES PÉRÉGRINACIONS, indulgences [1] et pardonnances de la Terre sainte. Et commence à parler de le devize de le eschirpe d'azur que je prins à pourter au dit voyatge Jhérusalem.

C'EST LE DEVISE DE L'ESCHIRPE D'AZUR QUE LE SEIGNEUR DE CAUMONT A LEVÉ AU VOYAGE JHÉRUSALEM.

NOPER, seigneur de Caumont, de Chasteau Nuef, de Chasteau Cullier et de Berbeguiéres, fais assavoir que j'ay enpris de porter sur moy en divise, une eschirpe d'azur, qui est couleur qui signifie loyauté, à mémoyre et tesmoign que je le vueille maintenir. Et en icelle eschirpe a une targe blanche, à une croix vermeillie, pour que mieux avoir en remembrance le passion

---

[1] Somme : xix. rémissions à peine et coulpe.
Item, sis. c. ans; item, xix. ans.
Item, vi. c. quarantaines; item, xix. quarantaines.
Tous les pardons dessus scriptz montent la somme desus scripte.
(Note du manuscrit, mais d'une autre écriture.)

Nostre Seigneur. Et aussi en honneur et souvenance de monseigneur saint George, par tel qu'il lui plaise moy estre en toute bonne ayde. Et hault en le targe ha escript : FERM.

ITEM, se Dieux faisoit son comandement d'aucun de ceux de leditte eschirpe, se aucuns l'aient, chacun fera chanter trois messes, deux de requiem et une de monseigneur saint George pour l'arme d'ycelluy ; et moy, .xx.

Et oultre ce j'ay establi et ordonné que se null de leditte eschirpe perdoit son héritatge et n'avoit de quoy vivre, suy tenus, là quant par luy seray requis, ly donner et tenir son estat sellon qu'il appartiendra.

LE RETOUR DE JHÉRUSALEM.

LE retour que je fis de le Sainte Terre, venant en terre de Crestiens à mon pays, partant de le sainte cipté Jhérusalem on moys de juillet le .xvij⁰. jour.

PREMIEREMANT de la cipté de Jhérusalem je m'en revins en Rames : xxxv. milles, où je demouray jusques le .xx⁰. jour dudit moys.

ITEM, de Rames je parti et m'en alay en Japhe : xij. milles, où les nefs qui m'avoient porté me demouroient ; et celluy même jour que je y arrivai, je m'enbarchay ; et lendemain firent voyle et la voye vers le royaume de Chipre. Et là pris port en une cipté qui s'appelle Famagoste, où l'on compte .cccc. milles. Et la cipté est hédifiée à rive de mer, en laquelle ha une mot belle églize ; et en ceu pays content à lieues.

LE ROYAUME DE CHIPRE.

ITEM, de Famagoste je m'en alay pour terre vers le roy de Chipre ; lequel demoure à .xij. lieues, en une cipté grant que l'on appelle Nicossie. Mes premièremant, on partant de Famegoste, je passay devant ung chasteau en terre playne, qui s'appelle Chasteau franc, à .iiij. lieues ; lequel le roy de Chipre avoye fet fère, n'avoit guierres, et me sembloit estre ben basti et fort, sellon le lieu playn où il estoit assis. De celluy chasteau, sans rescansser ; je tiray plus avant .iiij. lieues, à ung lieu del espitel de Rodes qui s'apelle Mores où je couchay celle nuyt.

ITEM, de Moures à le cipté de Nicossie : iiij. lieues, où le roy estoit ; pour lequel j'eu mot grant chère et feste. Et estoye logié à ung grant houstel de Saint Jehan de Roddes que est comanderie ; en lequel houstel ha une chapelle où il ha de belles reliques lesquelles me furent mostrées. C'est assavoir le bras de monseigneur saint George, le chief de sainte Anne, mère de Nostre Dame, et le corps tout entier de sainte Heuffémie, et le fer de le lance on quel monseigneur saint George oesist le serpent, et pluseurs autres saintes reliques.

Ores quant j'eu demouré avec ledit roy deux ho trois jours, je m'en retornay, par celluy mesme chemin que je avoie fait, à le cipté de Famagoste d'où je estoie parti, et où les nefs me demoroient. Si deves savoir que c'est ung pays grandemant plein de chaleurs, tant que les gens à peynes hy ousent chevaucher de jours fors que de nuytz, pour le grant ardeur de solliel. Et gens estrangiers à paynes y puent durer longament en sainté; et en cest pays sont communément les arrayzims noirs, et les vins sont toux blancs.

ITEM, à Famagoste me mis en la mer et fis le voye pour le couste de Chipre au chief de Saint Andrief où il ha . lxx. milles.

ITEM, de celluy chief de Saint Andrief à le ville du Carpas : xxv. milles.

ITEM, de Carpas on chasteau de la Candera : xxx. milles.

ITEM, du chasteau de la Candara au chasteau de Leonde autrement dit Buffavent : xxx. milles.

ITEM, de Buffalvent au chasteau et ville de Chérines : x. milles; lequel est port de mer et la mestre fors de Chipre. Et celle hediffie selluy magnanimo Hechilles, qui fut roy de Thessalie.

ITEM, de celluy Chérines au chasteau de Saint Hella-
rion : v. milles. Ores laixe le royaume de Chipre et viens
en pays de Turquie qui par avant solloit estre nommé
Hermine, et à présent sont Turcx mescréens.

LE PAIS DE TURQUIE,

QUE PARAVANT SOLLOIT ESTRE HERMINE.

PREMIÈREMENT, le cipté de Tersson prés duquel est le
grant cipté de Entioche, qui est loin dudit chief Saint
Andrief : c. milles ; lequel cité de Tersson se tient au-
jour d'uy par le roy de Chypre ; davant lequel ha une
ille qui s'appelle Colquos où demouroit le moton en le
leyne d'or que conquesta Jeson, roy de Tessalie.

ITEM, de leditte cipté de Tersson jusques au chasteau
du Qurc : l. milles.

ITEM, de Qurc à une ylle qui se nomme l'Esquellz
provenssal qui pour tamps solloit estre poblée : lx. milles.

ITEM, de le Scuellz provinssal au chasteau et vile de
Sachin : c. milles.

ITEM, de Sachim au chasteau et vile de Hastilimurre :
xv. milles.

Item, de Hastilimurre ou chasteau et ville de le petite Antioche : xxx. milles.

Item, de le petite Hentioche au chasteau et ville de l'Escandeleur : xl. milles ; lequelle est le mestre force du grand Caramanly, chief de Turcxs, pour qui les forces susdittes se tiennent. Est vray que devant le dit Escandeleur, le jour de Saint Lorens, nous trouvâmes en le mer, sus le point du jour, une gallée armée de Turcxs qui venoit de Alexandrie ha Damiete, chargée de marchandise qui valloit, sellon que l'on disoit, plus de .lx. mille ducats, et estimoient que dedens povoit bien avoir deux cens et .xx. combatens, avant plus que meins. Et comme nous le vîmes, chacun se arma, et se vist à point ; et tirâmes droit à eux cuydans celluy jour abesonher aveques eux ; et pour ce cas ilz feizoient contenence de venir aussi escontre nous ; mes sitost comme nous fûmes bien près pour les férir, ilz virent tout à cop leur gallée et s'enfuirent vers ledit port d'Escandeleur qui se tient pour eulx, et notre nef après les va suyant, si que les gardâmes d'arriver. Mes ils avoient grant avantatge que se ajudoient des deux voylles et d'avirons où se dizoit que en avoit .lxxx. que toux tiroient à ung cop ; et pour ce ilz, voyant que nous leur fûmes à davant, prindrent autre chemin, et nous à l'enchaux. Mes le vant nous va faillir au plus grand besoing que ne povions aler plus avant ; et ainsi nous eschaparent les Turcxs mescréens, d'où estions tous malement corrossiés ; et dura l'enchaux du point du jour jusque près d'eure none.

ITEM, de l'Escandeleur à la cipté de Satallie : xc. milles; lequelle cipté est de Creissi, enpereur ho roy de Turquie; devant lequel cipté a ung grant guolf qui s'appelle le guolf de Satallie en lequel, ou tamps passé, toutes les nefs qui par illeques passoient, périzoient, en jusque tant que sainte Helleyne, mère de l'enpereur Costantin, hi bouta ung clou de ceux en quels fut encloué Jhésu Crist, nostre Seigneur, en le croix.

ITEM, de Satallie au chasteau de fer et d'au : cc. milles; lequel chasteau est au dit pays de Turquie, et se tient pour le grant mestre de Roddes, à maugré des Turcxs.

LE ILLE DE RODES.

ITEM, dudit chasteau de Fer et d'Au à la cipté de Roddes : xxv. milles; où je fuy de retour au moys d'aust, le .xviij°. jour, et hy demouray presque de deux moys. Cette cipté est en une ille bien grande et complie de toux biens; et y a de belles fortalesses qui sont bien guardées pour gens autres que Grecxs; et aussi faut il mester, pour chouse du pays de le Turquie qui confronte avec le ditte ille, chière pour chière, de le ditte cipté de Roddes, où il n'a que ung poy de travers de mer; à lequelle cipté le mer bat au pié dez murs, et droit ont les nefs prendent port ha une grant

chaussée faite de grans pierres de massonerie cranel-
lée aux bors, qui se tient en le mur de le cipté et entre
dedens le mer bien .iiij. tretz de dart; et tout au lonc
d'icelle sont assis .xvi. molis de vent, toux d'un ranc,
qui nuyt et jour molent yver et esté; et à paynes l'on
les voit toux ensemble molir he toux à ung cop cesser.

Item, de Roddes je me levay ung bon matin et m'en
alay pour terre à une haulte montaigne qui est près de
leditte cipté .v. milles, que l'on appelle le puy de Philermo, où jadis solloit estre le cipté de Roddes hé-
diffiée; et en ceu tamps se solloit apeler Colossensses,
où saint Paul feysoie les épistoles, et c'est une place
moult avantatjose mes est tout despasti fors que d'un
chasteau qui est sur l'entrée de le venue; et en toute
l'autre partie de le montaigne, n'a riens fors que une
chapelle de Nostre Dame bien dévote, lequelle fet de
grans miracles; et pour cause d'icelle, mon voulloir
fut de y aller pour oyr messe, après lequelle je m'en
retournay le jour mesmes à Roddes.

Item, près de leditte cipté de Roddes ha une petite
chapelle où est le lieu où premièremant fut trouvée le
teste de saint Jehan Babtiste qui au présent est en Rome;
et pour miracle de Dieu audit lieu, s'est fette une fonteyne, de lequelle chacun boit voullentiers qui liens
entre; en lequelle chapelle ha de grans pardons, he je
y estoie le feste de saint Jehan décollacé, et là fis
chanter messe et si ay-je esté depuis; et celle chapelle
tiennent les Grexs.

ITEM, devers l'autre partie de le cipté, entre le chasteau et la mer, ha une église qui s'apelle Saint Anthony, en lequelle ha pardon à peyne et coupe .iij. jours de le setmaine, c'est assavoir le lundi, le mecredi et le veurredi ; et là suy esté, si plest à Dieu, pluseurs foix et faytes dire des messes. Et aussi dedens le chasteau de leditte cipté, ha ung beau houstel expressement pour recevoir tous mellades. Et tout ceulx qui dedens fenicent, sont absolus de peyne et de coupe, comffès et pénitans ; et ceste grace ha esté ottroyée et comfermée pour les Sains Pères de Rome : et pour cause d'icelle, pluseurs grans seigneurs et autres, quant sont mellades, s'i font porter, et là sont servitz de messes et bien penssés de myres et d'autres bonnes viandes et de bons lis, à le despensse del espital de Roddes ; et cet houstel appelle-l'on le enfermerie, et toux ceulx qui dedens entrent visiter les mellades, guaynent aussi sertains jours de indulgence.

ITEM, deves savoir que en leditte cipté de Roddes, ha ung chasteau à l'un chief de le ville bien grant, fort et bien basti de murrs et de tours tout autour ; et dedens ycelluy, en le chapelle de liens, ha une des espines de quoy Nostre Seigneur fut coronné, lequelle devient toute florie le jour du veurredi saint, en telle eure comme Nostre Seigneur pris passion. Et dit-l'on que nulle des espines ne flourissent fors que celles qui ont touché au propre test de Jhésu Crist ; et celle ditę espine ne se mostre que une foix l'année, au dit jour du saint venrredi ; et lors chacun le puet veoir. Et toutes foix en celuy tamps je n'y estoie mye, mes pour le grant dévocion et affeccion que j'avoye de la veoir, le lieutenant du grant mestre de Roddes et les seigneurs frères chivalliers de le religion, la moy mostrérent secretament, en disant que le cas pareil n'avoit été plus fet à nul autre, ne n'eussent rompu leux costume et ordenance, ce ne fut pour l'amor de moy à qui ils vourroient fère plaisir et toute honneur. Et furent par moy remerssiés grandement. Lequelle espine estoyt encloustrée en ung beau vessel d'or ; et après, moy mostrarent le bras de madame sainte Cathelline et pluseurs autres reliques, lesquelles toutes je asouray en révérence de la passion Nostre Seigneur.

ITEM, le .xx°. jour du moys de septembre, je me mys en mer au port de leditte cipté de Roddes, pour m'en revenir au bon pays de Guasconhe en ma terre ; et fis le voye par davant le couste de le Turquie à un chief qui entre dens la mer qui se nomme lez Escuelles de Saint Paul où l'on compte .xxx. milles. Et près d'icelluy chief, a une ille que l'on appelle les Semyes, et de l'un à l'autre, n'a que ung poy de traves de mer.

ITEM, après l'ille de les Semyes est le chief du Crieu, ha .xl. milles ; et c'est le derrenier chief de le Turquie.

ITEM, dudit chief du Crieu ha une ille qui est de l'hospitel de Roddes qui s'appelle le Languo : x. milles ; lequelle ille est bien poblée et grandemant complie de toux biens.

ITEM, du Languo à ylle déserte que l'on apelle Viro : xv. milles.

ITEM, du Viro passay entre deux ylles : le première est à main sénestre que l'on apelle le Piscopie, et l'autre, de main dextre, se nomme Nitzere, qui sont à .xl. milles l'une de l'autre et à .v. de leditte ille de Viro et sont toutes deux poblées et de le senhorie de Roddes.

ITEM, après les illes susdittes, l'on trouve deux autres illes désertes que l'on appelle l'une Caloquirane et l'autre Quirane, lesquelles sont à .v. milles plus avant à main cenestre.

ITEM, après celles dittes illes Caloquirane et Quirane, l'on trouve deux petis rocxs près l'un de l'autre, qui se nomment les Coffres où il habite riens, et sont à .xx. milles des illes susdittes.

ITEM, après les Coffres est une ille assez grande qui s'apelle l'Estampaleye où il ha ung chasteau hault sur une roche au bout de le mer, lequel aussi s'apelle l'Estampaleye, et celle ille est à .xv. milles des Coffres.

ITEM, de leditte ylle Estampaleye à une ille que l'on appelle Pipi : x. milles, en lequelle naist le greyne de l'escarlate, et est de le seignorie du duc de Nixie.

ITEM, de celle ille Pipi à l'ille qui se nomme Namphi : xv. milles : que aussi est du susdit duc de Nixie, où il appert un chasteau, et se fet le coton en leditte ille.

ITEM, de Namphi à une autre ille poblée que s'apelle Marguon : xxx. milles ; au pié de lequel sont calloigres grexs, c'est à dire monges de leur loy, qui demeurent en ung monestire jouste le mer ; lequelle ylle est prés du duché de Nixie .xij. milles, duquel le ditte ille est.

ITEM, del Marguon à l'ille de Nyeu : xx. milles, où l'on voit ung autre chasteau sur le montaigne ; lequelle ille est du susdit duc.

ITEM, de l'ille de Nyeu à l'ille Senturion : xx. milles, lequelle ille est de leditte seignorie de Nixie et est bien grande et poblée de gens et de bestiaux ; et apparent .iij. chasteaux, en leditte ille, esquels se requeill foizon de coton.

ITEM, de le ylle Senturion à deux petits ylles désertes joustes l'une de l'autre, qui ont nom le Crestiane : x. milles.

ITEM, de le Crestiane assicandron, ylle déserte : xxx. milles.

ITEM, de Sicandron à Poliquandron, ille déserte : xv. milles.

ITEM, de Poliquandron à Polymo, ylle déserte : x. milles.

ITEM, de Polymo à une ylle poblée qui se nomme Nyl : xx. milles.

ITEM, de Nyl à le ylle de Panaye : x. milles; en lequel n'a nulle habitacion de nulle riens, ce n'est que asnes sauvatges.

ITEM, de Panaye à une tour en une ille déserte que l'on appelle Ferfine : v. milles.

ITEM, de Ferfine à Intimil : xv. milles, ille déserte.

ITEM, de Intimil à Ormouyl, ylle déserte : x. milles.

ITEM, de Ormouil à Nuye : v. milles; ylle désérte.

ITEM, de Nuye à Falconayre, ylle déserte : xxx. milles.

ITEM, de Falconayre à Caram : xx. milles; ylle déserte.

ITEM, de Aquaram au chief de Saint Angel : xv. milles; lequel chief est en terre ferme; sur le plus hault de une monteigne a ung hermitatge où demeure ung hermiten.

ITEM, du chief de Saint Angel à le ylle du Setville : xx. milles; lequelle ylle est poblée, et se demostre en ycelle ung chasteau hault sur une roche.

ITEM, du Setville à l'ille del Servo : x. milles; lequelle est déserte.

ITEM, del Servo al Metapain qui est terre ferme : lx. milles.

ITEM, de Metapain au chief de Maynes assi terre ferme : x. milles; auquel chief a deux chasteaux.

ITEM, du chief de Maynes al Venetiguo : xl. milles ;
ylle déserte mes hy demeurent. iiij. hermittes en une
églize haulte sur ung puy.

ITEM, del Venetiguo à Courron : x. milles ; c'est une
bonne ville en terre ferme au pays de le Moureye, mes
les Venessiens le tiennent.

ITEM, de Quorron à Cappoguaille, terre ferme : x.
milles.

ITEM, de Capoguaille jusques à Cabre : x. milles ; où
il demeure nulle gens dedens ; ce n'est que pastours qui
y vont garder bestiaux.

ITEM, de Cabre à le ylle de Sapiencc : v. milles ; une
petite ylle déserte où il ne abite riens fors que hermitens que demeurent près de le mer au pié de le monteigne, en une églize que l'on appelle Sainte Marie de
Sapience ; et une guayte que tiennent hault sur ung puy,
lequelle avize les nefs qui viennent par mer, et fet si-
gnal à unne cipté qui est devant laditte ylle de Sapience
à .ij. milles ; que l'on appelle Modon, en terre ferme, en
le principe de le Moureye ont je arrivay.

LE PRINCIPE DE LE MOUREYE.

ITEM, de Modon au port de Joux : x. milles ; auquel
port avint une foix un miracle que une nef chargée

d'eulle passoie pardavant, et là ont si grant tourmente
que deffait aloye férir encontre ledit port en une grant
montaigne de roche, que nullz ne l'en povoit garder
fors que Dieux; ainssi que le patron et lez autres que
dedens la nef estoient, voyant qu'ils estoient toux péris,
feirent veu et promission à Dieu et à la vierge Marie
que, s'ils povoient eschaper assauvement, qu'ilz me-
troient toute la marchandize de leditte nef à hédiffier
une église à prier Dieu à toux jours. Et quant celluy fut
fet, par miracle de Nostre Seigneur, le tout puissant, et
de la benoyte vierge Marie, encontenant celle roche se
ala obrir et partir en deux pars, par lequelle overture
leditte nef passa, car desja estoient pour donner dessus,
seyne et sauve, sans null mal avoir, et ainssi eschaparent
de sell péril. Et mayntenant que ledit patron de la nef
et les autres furent arrivés en terre, ne eurent pas oblié
le veu qu'ilz avoient fait ne le grant grace que Nostre
Seigneur avoit fette, qu'ilz vendirent toute ledite mer-
chandize pour bastir ledite églize, lequel firent fère
près d'icelluy lieu sur un hault puy; et s'apelle leditte
églize Sainte Marie de Pitié.

ITEM, à celluy port de Joux ha ung chasteau hault sur
une montaigne que se nomme Chasteau Navarres, et
d'icelluy, l'on entre en un grant guolf que l'on appelle
le guolf de Crète qui dure. cccc .lxxx. milles, sens veoir
terre; et quant je fuy dedens, nous prist un vent contraire qui fit retourner la nef à Modon que j'avoie passé
de .xl. milles; et là pris port et hy demouray par quatre
jours, attendant le bon vent. C'est une cipté en terre

12

playne, au pié de lequel vient le mer devers l'une part, lequel est bien enmurrée tout autour, et se tient pour les Genevoys.

Et là moy fut dit que à une mille et demye, en une églize, avoye un corps saint, qui s'appelle saint Lion, qui fut sabatier au temps qu'il estoit en vie, et venoit du saint Sépulcre; et au retour, maledie luy pris en le nef de lequelle morut et fut geté en le mer dans une caisse; et la mer le alla porter à terre près de ledite cipté de Modon, et aucunes gens le trouvèrent, si se merveilloyent que c'estoit, et cogneirent que c'estoit ung home, et vont le enterrer en une fosse que ly firent; si que chacune nuyt, dessus ycelle foce où il estoit enterré, l'on veoit trois brandons de feu alumés par miracle de Dieu; et sy avint une nuyt eu à vizion al évesque de leditte cipté, que en ceul lieu avoye ung corps saint et qu'il alasse par della, et le fit desenterrer et tenir en celle honneur, comme il apertenoyt d'un corps saint qu'il estoit. Lors lendemeyn, quand ledit evesque fut levé, il révéla le chouse; et firent ordenance d'aller part della et menèrent évesques et plusieurs chapellens et autres gens ans grandes processions; et tantost là, où ils comensèrent à le serchier, le trouvarent, et ilz le desenterrèrent et le mirent sur une charrue tiré aux buefs et ainssi le portérent. Et quant ilz furent prés le cipté, au lieu où à présent est, cuydant le porter dedens, ilz ne puirent onquez passer plus avant, et convint que illéques le leissatent. Et fut là fette une église où ils demeure depuys ens se que l'on dit, a bien .lxxx. ans, et là fet de grans miracles par la vertu de Nostre Seigneur.

Et quand il est temps de guerre en cell pays, ou ils ayent en la cipté ausqunes savance que malleur leur doye venir, pour dobtance de le perdre, ilz le vont querre et le porter en la cipté susditte. Mes se il n'est voir, ilz n'on puissance pour riens qu'ilz facent, de le mouvoir de son lieu. Et en ycelle églize je fuy pour veoir ledit corps saint, lequell tiennent les Grexs, au derrier le grant autel du cuer de leditte églize, en une caisse ferrée où je le vi tout entier, se luy plest; et retournay par ung autre chemin, où il ha ung lotgis ouvert que s'apelle Saint George de les Tribulleye, out il ha une chapelle de monseigneur Saint George que les Grexs tiennent, de lequelle m'en allay à la cipté de Modon d'où je estoie parti.

ITEM, de laditte cipté de Modon je parti et m'en alay faysant le voye que premièrement j'avoye commencée, quant le vent m'en fist retourner du guolf de Crète à Modon, et trouvay une ille déserte en le mer qui s'apelle Predent, qui est sur l'entrée dudit guolf de Crète et ha .xv. milles du susdit port de Joux; et voulloye tout droit aller en le royaume de Cécille à une cipté, qui est en le mer, qui se nomme Saragoce où je estoie passé venant audit voyage; comme part dessus est plus à plain déclaré; en lequel guolf de Crète me vindrent deux trés mâles fortunes et périlleuzes. Le premiére est assavoir que ung jour de samedi le .vij°. jour du moys d'octobre, environ eure de prime, ainssi come je fuy bien à l'avant en la mer, presque de la moitié du susdit guolf de Crète, que l'on ne povoit terre veoir de nulle

part, soubdaynement se leva une obscurité avec un
fort vent. Et puis aprés aqui mesmes, hault en l'ayre,
ung si frestque grant bruyt espaventable qu'il n'est
on monde bombarde ne canon eusse puissance de
le fere tel he si grant comme celuy fut. Car il sembloit
que ce fut que siel et terre s'encontrast, si grant estoit
le cry qu'il fist, avec lequel descendi tout à cop une
chose que l'on ne savoit que c'estoit, dedens notre nef,
et donna tel cop au grant albre qui les voilles portoit,
qu'il le rompit en plusieurs piesses et y mist le feu et
trenqua une grant partie du chasteau que sus ledit albre
estoit; et volla en pièces pour le mer, et du grant espavant qu'il fist à la dessendue, tombarent plus de .xxviij.
parsones; et y en eut nuef de blecés et ung mort qui
fut geté en le mer. Et puis leditte chose s'en entra dessoubs la couverte de le nef où rompi le fust d'une grant
ancre de fer qu'il y avoit; et encore ne estions assertanés s'il avoye passée la nef d'outre en outre par
dessoubz, que nous dobtions moult. Si que toux ceulx
de leditte nef estoyent grandement effréés et mot esbays
et descomfourtés, comme ceulx qui avoyent bien de
quoy, du grant accident et espaventable chose qui ainssi
soubdaynement estoit venue, laquelle nullz n'en savoit
que pouvoit avoir esté; fors tant que dizoient ausquns
qu'ils avoient veu dessendre une chose noire chargée de
feu et de flama; et dizoit l'en que c'estoit le fulgre; et
les autres prousomoyent que c'estoit le péchié enfernel
que ainssi nous avoit mallement abatus; en tele manière que ne n'y avoit nul qui ne cuydast que la nef et
toux quans estions dens, fussions peritz et noyés, et que

jamais penssace eschaper à vie. Et gens qui eussent peu veoir le manière coment nous alloyt, ne eusse pancé du contraire ; et c'estoit grant pitié al le veoir et à oyr lez cris et les complains que toux les bones gens foysoyent, comme ceulx qui veoient le mort davant eulx, et ne regardoient l'eure que le nef s'en entrast affons ; et estoient toux despuilliez, et avoient pris de tables qui povet, pour ce donner le meilleur consseill qu'ils pourroient par la mer ha alongier le vie ; jassoit qu'il estoient mal apparelliez d'eschaper, et c'estoient toux comfessés l'un à l'autre, ainssi que tout bon crestien doit fère, majorement qui est si prés de le mort, comme à celle eure nous estions. Car ne n'y avoit null qui dessoy tenist plus compte ne que cuydast james veoir terre, voyant que le grant albre qui la nef menoit, estoit en piesses et le feu en le nef ; et ne nous en povions aydier et estions au mylieu de le grant mer où l'en ne veoit que siel et eue, et ne savions nulle nef en nulle part pour nous aydier et secorrir. Et ainssi en telle manière, alions sà et là pour le mer comme esperdus, avec grande paour et doubtance, attendant piteusement la miséricorde de Dieu nostre Seigneur. En cest propoux chacun de tout son cuer se comandoyt à luy bien souvant et à la bénoite vierge Marie, sa chère mère, pleyne de pitié, en lez faizant chacun pluseurs veux et promissions, que leur pleust nous fère celle grace de nous sauver lez viez et nous donast venir à quelque bon port assauvement. Si que, faiz les veux dessus dis, Dieu et le vierge Marie nous donna emendement de bon tamps, et toute celle obscurité et grant vent qui part davant faysoit, cessa

tout à cop et se converti en beau solleill par la vertu de
Dieu qui chèrement estoit réclamé ; et lors ledit albre
qui chey n'estoit du tout, fut tantost recorru par les
mariniers, et lié de grans tables, et ledit feu escouty et
descaint aveques de l'eue et de l'eulle d'olive et du vinay-
gre. Et voyant le miracle de Dieu qui ne voulloyt notre
perdicion, furent grandement récomfourtés trestoux, et
le louant et regrassiant de le grace qu'il nous avoye fette
de garder de mort à lequelle estoit à nous impossible
d'eschaper, se sa misericorde ne fust que eut pitié de
nous, en lui priant qu'il nous voulsit dessi avant deffendre et guarentir de tout meschief. Et ainssi nous es-
chapâmes de ceu périll et tirâmes à levant vers leditte
cipté de Saragoce où je estre voulloye.

ITEM, le samedi après venant, nous eûmes tant allé
pour le mer que je fuy à la vehue de leditte cipté de Saragoce où je ne pance qu'il eusse plus de .x. milles, et
penssoie y estre à disner lendemain, qui estoit dimenche
le .xve. jour du mois d'octobre, et droytemant, quant
vint sur le mye nuyt, le vent se commensse moult malle-
mant à refresquer, et quant fut le jour, nous eûmes tant
de tourmente que par force nous fît retorner jusques au
royaume de Calabrie, et d'illéques, nous porta à la cipté
de Cathanie on royaume de Cécille ; et de Catanie nous
fist courrir à une autre cipté, on dit royaume de Cécille,
que l'on appelle Messine ; mes nous avions si très malle
et outregeuze fortune de vent et de mal tamps que, par
puissance que le patron de le nef ne lez mariniers eussent, ne puirent onques prendre port en null de ces

lieux dessus dis. Ains allions sà et là par la mer, à la mercy du vent, à pleynes voiles, lesquelles n'avions peu descendre de l'albre par le force du grant vent qui soubdaynement tout à cop estoit venu de nuyt. Le mer estoit si haulte que les ondes entroient pour le plus hault dedens la nef, et se tribouilloit tant, de l'un costé sur l'autre, que n'estoit homme liens (qui) se puisse tenir de pies ne assigié, s'il n'estoit bien afferré aux bors de leditte nef, ou aillors par lez chambres en quelque autre chose bien lié ; ne arque ni table, ni riens qui liens fusse, ne povoit se tenir en son lieu, ains alloye per la nef à traves de la gent, tant se tourmentoit la nef. Et chescune foix nous penssions qu'elle versse par l'un bort ou par l'autre, car le voille du grant mast touchoit en le mer et faisoit encliner la nef tant que les ondes entroyent dedens ; et lors cuydions du tout qu'elle s'en entrast, et que l'albre qui rompu estoit par devant, comme dit est par dessus en l'autre article, s'achevast du tout de rompre et cheïsse en le mer et tirast le nef aveques luy ; et aussi avions un grief vent terriblement mallecieux et le plus fort que je veysse onques que nous portoit acontre une grant roche en le mer ; et lez mariniers et autres voyant notre perdicion, et que la nef se alloye toute débrisier, se comencèrent à despullier et deschausier; car ilz veoient que fait estoit de nous. Et moy avizant leur maniére, ne faut mye ademander se jeffuy recomfortez ; toutes foix confessay prestement et comanday à Dieu et à la vierge Marie, mon arme ; priant (que) pour leur miséricorde en eussent pitié et mercy. Et que vous en diroie je ? le fait estoit en tel parti que de mon corps ne faizoie je plus compte. Car si nous avions esté en grant périll de mourir par davant, nous en estions à présent en aussi grant ou plus ; et toux se estoient pourveus de ce lyer bien fort à tables et à fustes, et s'estoient toux comfessés, par le manière que davant, voyant chacun la mort davant ses yeulx. Des veulx et de les promissions, se il se en faizoient pluseurs à Dieu et as Sains, ne fault adomander ; car je crey qu'il n'y avoit null que à une autre foix le savast à fère. Mes Dieu et la vierge Marie qui désemparés ne nous avoye, nous donna grace que, ainssi come nous estiomps à un trait de pierre de leditte roche, et la cuydions encontrer tout au traves, que celluy fort vent nous estrema, et vint ung autre qui soffla tiel cop leditte nef que l'enporta long, hors toute celle montaigne de roche ; bien avions mestier si prestement le secors ; car autrement la nef estoie toute débrizée encontre leditte roche. Ainssi alla la nef roddant par le mer, à la mercy du vant et de la tormante qui dura, dudit samedi à mye nuyt, jusques le dimenche par tout le jour, sans cesser le mal tamps ; et le mardi venant, arrivay en leditte cipté de Saragoce à grant peyne. En lequelle cipté ademouray près de ung mois jusques tant que ledit albre et la nef fusse adobée, que en avoie grant besoin. Et moy estant en ceste fourtune, fis à Nostre Seigneur le ourayson qui s'ensuyt.

LE OREISON.

Dieu, le tout puissant, mon créateur et mon souverein Seigneur, qui mon arme as formé à le toye semblance, et m'as redempt de ton précieux sanc, lequel voulsit eschamper pour moy et pour toute humayne nature ouster de le mort et dampnacion perpétuelle, gustes et voys claremant le très grande fourtune et orrible tourmente, et coment je suy à grant périll en ceste nef, et à grant dangier de le mer moult endignée qui me veult fere noier et périr liens. Si que, entre ma vie et ma mort, n'a null moyen ne remede coment je puisse eschaper ne saillir hors, ce n'est pour ta miséricorde que je atant et espoire avoir, en lequelle du tout ay ma parfette confiance et mon entier recours, comme avoir doy. Et pour ce, mon souverein Dieu, que je croy fermement, sens nulle erreur ; voyant que tu as apliqué moy en cest monde pour toy servir, et que tant chièrement je t'aye co ‑ ‑ ‑ , je te prie umblemant et supplie piteusement à ta haulte magnificence, que de moy, ta petite créature, ayes pitié et mercy, à moy trère de cest périll, que je n'aye affiner mes jours en ceste mer malecieuse contre moy, et que ne le vueilles donner povoir de moy desfère si soubdaynement, et me vueilles garder et deffendre du terrible torment et engoice on quel je suy à présent, et estre ne puis quitte, se par toy non. Et, mon

13

Créateur, que feray-je en cestuy cas, se ne me fais par ta bonté, de ta grace aucun abandonement? Pleise toy par ta humilité de le faire et de obrir tes yeulx de miséricorde vers moy, et pour ta haulte puissance avoir compassion de moy à me délivrer briefment de cest grief pénitance en quoy je suy. Et, vray Dieu Jhésu Crist, bien say que je t'ay failly en pluseurs manières, et suy vil pécheur contre ton don; ne vueilles pas regarder à mes grans deffautes et maulx fais qui sont innumérables; car mestier je n'ay mie que me doyes punir sellon que j'ay desservi, ains ay nécessité de ta miséricorde et mercy; que moy donnes tamps et espace de me corrégir et de amender ma vie affin que je puisse faire aucune chose par tamps à venir que soie pleisente et agréable à ta devyne Majesté, par lequelle me face digne d'avoir ta bénigne grace et amour que grandemant désire. Et, beau Sire Dieu, regarde coment je suy desconceillé que ne say que fère, et suy du tout pardu, se tu ne moy aydes, se ne moy soustiens et ne moy deffens de ceste malle fortune qui contre moy court, et ne puis resestir sens ta bonne ayde. Car je, sans toy, ne puis vievre ne avoir null bien, et say certaynemant que, se tu me désempares, le mort est yssi apparellée par me prendre. Pourquoy te prie ne moy laixssier ne désemparer ores ny autre foix; fay moy vievre lonc tamps, toy louant, toy gloriffiant, que je te puisse rendre grace dez grans biens, honneurs que m'as donné en cest monde, dezquels puisse fère biens et aumosnes par lesquels tez bons mandemans soyent par moy acomplis. Et, vray Dieu de paradis, onquel j'ay ma ferme espérance et tout mon récomfort, aie pitié de moy, ta pouvre créature, et entent mon orayson ; et te prie, à juyntes mains, par le mérite de ta sainte passion, que de non ne moy vueilles dire à ma prière. Car tu sces que je suy tout tien, corps et arme, et à present le toy conferme et le te donne entièremant sans fin.

ITEM, quant leditte nef fut adobée et l'aubre bien réparé, je me mys en la mer, à leditte cipté de Saragoce, et comensay de fère le voye on royaume de Cerdeigne. Et quant je fuy .xl. milles en la mer, à un chief que l'on appelle Capoupasser, ung vent nous prins qui nous fist torner arriére davant leditte cipté, mes ne y fis nulle demeure ains tiray à l'avant à une aultre cipté lonc d'icelle .c. milles, lequelle s'appelle Messine ; et passay tout le lonc de le coste de Cécille, et veoyt l'en auprès de le mer, deux chasteaux qui sembloyent estre molt fortz ; l'un avoyt nom le Molle, et l'autre, Tabermyne ; et .x. milles plus bas, en avoyt ung autre qui se appeloit l'Eschallete ; et de l'autre bande, estoyt le royaume de Calabrie où il avoit, sur le coustière de le mer, ung hault chasteau qui se nommoyt Pintodatol ; et après celluy, une bonne ville qui avoit à non Rejols, à rive le mer. Et sont ces deux royaumes de Cécille et de Calabrie droit et droit l'un de l'autre, qu'il n'y a guiéres de traves de mer. Mès Calabrie est en terre ferme, et Cécille est une ille lequelle est bien grant. Et cuydoye passer entre ceulx deux royaumes par un pas, lequel nomment les mariners Bouque deffar, et quant je fuy à l'entrée, autre vent contraire nous prist qui nous en fist

tourner, et en alant sà et là roddant par le mer, cuydans encores passer ledit pas, demourâmes quelque
.viij. jours. Mes onques ne puymes le passer, ains nous
en fist le vent retourner arrière audit Capoupassar où
premier avions esté; mes puis eûmes si bon vent pour
aller notre chemin que c'estoit merveille et passâmes
celluy Capoupassar de plus de .cc. milles à l'avant en la
mer. Et ainsi alant par le voye s'en devint ung venrredi,
vers le mye nuyt, qui estoit le .x°. jour du moys d'octobre, qu'il se liéva fourtune en le mer si grant que
c'estoit merveille, et à paynes lez voylles se puirent
abaissier par le force du vent qu'il faizoit. Et pleuvoyt
et tomboit pierre et faizoit une nuyt si obscure que à
paynes en le nef se povoyt veoir l'un l'autre; tant que
le patron et les marinyers à paynes povoient guoverner
le nef pour le mal gracieux tamps que faizoie, et aussi
par le grant obscurté de la nuyt. A tant avions de tre-
vaill et estions en grant périll que nullz ne pansoie estre
quite de le mort. Mes trestoux eûmes recours à Dieu,
nostre Seigneur, et le feymes prier que pour sa pitié ly
pleut de nous amender le temps et sauver les vyes, et
puis criant à haute voys trestoux aux sains et saintes de
paradis, chacun pour ordre, l'un après l'autre. Et tenant ceste manière Nostre Seigneur nous envoya ung
glorieux saint que voullontiers lez mariniers invoquent,
lequel s'appelle monseigneur saint Helm. Et se vint
mettre sur le panell que les maryniers tiennent au chasteau, derrière le nef, pour conoistre le vent de quel
part vient. Et puis se alla pouzer hault au chasteau du
mast, et eûmes pour deux foix celle nuyt ceste tour-

mente, et à chacune des deux il vint, et estoit qu'il sembloit un torchon alumé qui getoit grant resplendeur. Lequel par se grace je vy, à chacune foix qu'il vint, bien clèrement, et si firent plusieurs autres de le nef, et lors dessa fut chacun récomfourtés. Et subitement toute celle fortune nous estréma, et fist retorner le nuyt qui estoit escure, comme dit est, si clère que l'on povoit veoir bien long, et la mer appaisimée. Mes avions le vent contre nous qui nous tourna en leditte ille de Cécille, à un chief que l'on appelle port de Pals, où prysmes port et pousemes les ancres à grant payne pour le grant vent et marour qu'il faizoit.

ITEM, voyant toux cestes très grandes malles fourtunes que estoient diverses et malvaizes et trop plus périlleuzes et espaventables que je n'ay compté, et venoient bien souvant ; et regardant le mal tamps de l'yver, par où nous entroions, le plus contraire que estre povoit ha aller pour mer, et les fortunes plus prestes de croistre que de amender. Et aussi que la mer est deffendue d'aller pour le Saint Père de Rome certains moys de l'an, je vous fis ajouster mes escuyers et serviteurs. Et voys mettre le chose en consseill, si regardant les choses sus dittes et les grans pérills que avions passé, leur sambloit que je ne deusse plus aller avec celle nef ne avec tiel tamps d'yver pour le mer. Si que conclusi toutes choses, ilz avizérent et cogneurent, pour le sauvacion de ma parsonne, que le meilleur estoit par moy de me demourer en le ditte ylle de Cécille pour le présent, et aqui attandre le bon tamps et laixssier passer cel yver et celles malles fourtunes; et puis au tamps novel, je me pourroie mettre en mer et tenir mon voyatge seuremant en la grace de Dieu. Et encores je fis venir le patron de leditte nef en ma chambre, et luy démonstray toutes cestes choses. Lequel aussi me dist toux les grans perills qui se povoient ensuir, et me conseilla du tout le demourée, comme les autres mes escuyers avoient fait. Et je qui oy dire toux jours que bon consseill l'on doyt croyre, et eu bien entendu tout se qu'ilz dizoient que c'estoit le meilleur pour moy, et le fait du patron que bien se entendoit en tels faix de mer; je voix les croire, et par leur conceill que moy sembloit estre bon par eschiver à tout mal, je me demouray en ledit royaume de Cécylle, et pris terre à ycelluy port de Pals, le .xiiij°. jour du moys de novembre; auquel port n'a nulle habitacion, ce n'est, ha .xviij. milles, ung chasteau que l'on appelle Espacaforno, auquel je envoyay premièremant davant pour sercher dez chevaux. Et si tost qu'ilz furent venus, je montay à cheval et m'en allay pour terre au chastel susdit. Car mon entente estoit de tirer vers le cipté de Palermo qui est port de mer où toux jours vont et vienent de les nefs.

LE ROYAUME DE CÉCILLE.

Item, d'icelluy Espacaforno, je m'en allay au chastel et ville de Modique, qui est ha .x. milles, lequel est chief de conté et une très forte place de chastel et grande à chevoir grans gens d'armes.

ITEM, de Modique au chastel et ville de Arragoce : iiij. milles. C'est une moult grande ville, lequelle est assize soubre une bien haulte montaigne qui me semble estre grandement forte.

ITEM, de Arragoce au lieu de Cheremont : viij. milles.

ITEM, de Cheremont à la ville de Calatagironne : xviij. milles.

ITEM, de Calatagironne au chasteau et ville de Chastse : xij. milles.

ITEM, de Chatce à la ville de Calassibete : xij. milles ; et cousté du chemin, à main cenestre, l'on trouve ung lac d'eue qui tient de tour .xviij. milles ; lequel au tamps passé, se dist que soulloye estre ville qui avoit à nom Castroy ; anuy et par ausquns pechiés qu'ilz faizoient encontre Nostre Seigneur, leditte ville fondi et s'en entra en abisme ; et est en une vallée revironée de puys, et laditte ville leur solloit toux surmonter de haultesse : et maintenant lezdiz puys le surmontent. En cest lac d'eue n'a null poyssion de nulle condicion que soit, ains ceulx que l'on y boute par norrir, n'i puent vivre ; et aussi le lyn que l'on y porte mettre liens par apparellier, depuys qu'il y a esté, ne vaut affère riens. Si que se dit que nulle chouse qui soie, ne s'y puet aproufiter. Et leditte ville de Calassibete est en ung fort puy. À droite de ceste ditte ville, en une très grande et haulte montaigne, ha une grant ville avec deux chasteaux, lequel se nomme Castro Johan ; et à l'un chief de leditte ville, est l'un dez chasteaux en très grant avantatge assis, lequel est moult fort de toux costés, sans nulle venue que par eschine de montaigne devers le port de leditte ville ; sus lequelle venue ha bonne tranchée de roche et une grosse tour d'avant. Et celluy chastell appellent le chasteau des Lombars, auquel chastel le roy de Cécille tynt lonctamps le siége, et onques ne le peut avoir par force.

ITEM, de la susditte ville de Calassibete à une grande ville que a nom Pollissi : xxiiij. milles ; lequelle ville est en grande montaigne et haulte de toutes pars fors que devers ceste entrée, qui ha une venue qui n'est pas trop grant ; et en ceste part ha ung chasteau, et environ leditte ville n'est pas tout autour environé de mur, mes l'avantatge de le place est asses grant et fort.

ITEM, de Pollissi au chasteau et ville de Termes : xxiiij. milles. C'est une trés forte place bastie en haulte roche tout autour et bien enmurré ; et le chasteau acez grant et le ville au pié du roc devers l'un costé ; et de l'autre part, ha une ville overte et ce tient au bort de la mer. Et venent à ceste ditte place passe l'on par davant deux fors chasteaux près l'un de l'autre, que on lez laixsse à mayn cénestre. Et le premier chasteau que on trouve s'appelle Catalaboutoro, et l'autre qui est après, Esclafena, et cestuy est chief de conté, et toux deux sont de ung seigneur. Et de ceu chemin voyt l'en en le mer le montaigne de Volquam, en lequel ha ung grand partus qui nuyt et jour geta grant fumée, et auqune foix grant flame, et tira grandes pierres de déhors; et de prés celluy partus oyt l'en mener grant bruyt liens, si que l'on tient que c'est une des boques d'enfer. Et les nefs qui vont par mer et sont vers celles parties, voullentiers se retrayent à celle ditte montaigne par le tourmente fouyr, et là ne ousent pauzer nulle ancre de nef, qu'en chascune n'ayt une croix. Car autrement seroit périll que celles malles choses qui liens sont, les levassent et feissent perdre le naville et toux ceux qui dedens seroient.

ITEM, de Termes m'en allay tout à lonc de rive le mer, à la cipté de Palermo, et quant j'eu chevauchié .xij. milles, trouvay à main destre, au bort de le meryne, ung beau chasteau et fort, en terre playne, qui s'appelle Sollento, et d'icelluy chasteau à le cipté de Palermo compte-l-on autres .xij. milles. En lequelle cipté ha une trés belle chapelle et grande, dedens le palays, que l'on appelle le chapelle de Santo Petro, lequel l'enpereur Fédric fist fère au tamps qu'il vivoyt, et dit l'on que c'est une des belles que on aye veues on monde. Et par dedens toute fette de art de musique de menue pierre soubredorées de fin or, et à trois voutes pardessus, et deux rens de pilliers de marbre, entre lesquels en ha deux qui sont de jaspe qui est une pierre précieuse. Et davant le cuer de le chapelle, ha une grant pierre carrée encloustrée on mur, qui est si clère que toute le chapelle en puet l'on veoir qui regarde liens;

et aussi clèrement si puet l'en veoir come en ung my-roer, et nulle pointe de dague n'i puet prendre, car davant moy s'est assayé. En celluy mesme palays a une autre chapelle que, l'on dizoit, solloit estre aussi belle mes l'ont lessé à toute décheoir. Et en leditte cipté en ha une autre que l'on appelle le chapelle de l'Almyrail qui est obrée de celle mesme manyère de pierres bien gen-temant fette, mes est de grant partie plus mendre et n'est pas aussi gente come l'autre est. Aussi l'églize du arcevesque de le cipté est moult belle, grande et longue. En lequelle églize est ensévelis ledit empereur Fédric qui fist fère lezdittes chapelles susdittes, et le empe-rière, sa fame. Et sont en unes sépultures d'une pierre moult estrange où il n'a que deux piesses, celle de de-soubs et celle de hault ; et sont bien grandes et clères que l'on s'i puet veoir ; et en y a .vi. de telle manyère, lesquelles se soustienent chascune sobre piliers de pierre marbre, hault dessus terre demye brace. En lequel cipté j'estoie lotgié au chastel du roy qui touche en le mer. Ceste cipté est en une belle playne au bort de le mer, et devert le part de terre, est revironnée de puys et de montaignes, et la cipté est bien grande et bien enmurrée de bons murs espes tout autour, et dit l'en que c'est le meilleur cipté de celluy royaume, et se fet en ycelle grant foizon de sucres.

Et comme je venoye à ceste cipté de Palermo, en my le voye, je trouvay pour tiel rencontre ung bon chi-vallier du pays de Béarn, que avoyt à nom messire Arnaut de Sainte Coullomme, lequel aussi alloit part devers leditte cipté. Et eut très grand joye de ma venue et de ma encontrée. Car il cognoissoit tant mon pays qu'il c'estoit norri en ma terre, on monseigneur mon père, cuy Dieux absoille, à Caumont. Ainssi nous alâmes à l'avant, parlant pour le chemin, et moy commensa à domander de mon voyatge Jhérusalem : comment j'avoye esté de ma parsone, he quiel tamps avoye eu? Et je luy respondi que de ma parsone avoye-je été bien sain là, Dieu mercy, et quant au tamps, celluy m'avoyt esté contrère en le mer, et voys luy compter lez fortunes que j'avoye eues, ainxi comme pardessus est déclaré, et comment mes escuyers et aussi le patron de la nef m'avoyent conceillé le demourée en cel pays de Cécille celluy yver, en jusques tant que le bontamps novell fusse venus. Et il me dist que j'avoye esté bien conceillié, car le tamps estoit moult périlleux. Ainxi nous en alâmes celle nuyt couchier audit lieu de Termes, et quant se vint au soir, un poy d'avant souper, ledit chivallier me prya que je lui vouzisse donner ung don. Je luy respondi que s'il estoit chouse que je puisse fere, que se faroye-je moult voullentiers. Et lors il me dist qu'il me prioyt chiérement que je vouzisse fere ma demourée, de tant qu'il me plaizoit estre en Cécille, asson houstel, car il en auroit très grand plaisir et honneur. Je luy merciay de son bon voulloir et voys luy dire que encores n'avoie-je bien avizé que je devoye fère, mes desso qu'il me dizoit j'auroye mon aviz on mes escuyers. Si que, à le parffin ains que je partisse d'icell lieu, voulsist que je feisse sa voullenté, ainxi que je luy avoye outroyé au comensament, et ainxi fut fait.

Ores lendemain au matin nous tirâmes notre chemin vers leditte cipté de Palermo, en lequelle demourâmes par .viij. jours, et puys nous en partîmes ensemble, le premier jour du moys de désembre, et tournâmes couchier celle nuyt à Termes que pardessus ay nommé, pour aller droit asson houstel.

ITEM, celle nuyt je couchay audit lieu de Termes, comme dessus est dit, et puis lendemain au matin, je m'en parti aprés disner ensemble on ledit chivallier, tenant notre chemin droit asson lieu. Et quant j'eu chivauchié .xix. milles, passai par davant ung chastel et ville au bort du chemin, à main cénestre, chief de conté qui avoit nom Guolizano, duquel chasteau à l'oustel dudit chivallier n'en avoit que .v. milles; lequel se nomme Lazenello où je arrivay celluy jour que estoit le .ij°. jour de désembre. Et c'est ung fort chasteau rochier aveques une bonne ville au pié, dessoubz luy, de .cccc. feux. Et estoist basti sur une haulte roche de toutes pars, et à l'un costé avoyt une haulte montaigne que surmontoit de haultesse celuy roc et tout le chasteau de plus de la moytié; qu'il seroit avis que de lassus hault l'on puisse grandement domatgier ledit chasteau et ville qui est asson pié. Et ne feroit l'en point; car il est assayé que de la hault une arbalestre de tour ne puet encore pourter à un petit rieu qui passe au pié du roc où ledit chastel est basti; tant est grande la haulture de celle ditte montaigne de roche qu'il en est trop plus lung que ne semble estre. Cest chateau est en pais de montaignes et y croist le regalice. Et le roi de Cécille l'avoit donné audit chi-

vallier pour les bons et agréables services que ledit
chivallier li avoie faix en ces guerres audit pais. Et de
cestuy chastel voyt-l'on deux places qui sont de ung
seigneur et s'appellent l'une, Poleno ; et l'autre, Santo
Mauro : qui bien semblent estre fortes ambedeux.
Lequel chastel est en belle veue et en beau desduyt de chasses sellon le pays où il est poblé ; et souvante foix yffuy allé chassié et esbatre, en moy donnant
de bon tamps allegrement le meilleur que je povoie.
Combien que sans penssement estre je ne povoie, quant
il me souvenoit de ma très chère et bone amye, ma
loyal compaigne, que j'eyme tant, lequelle souvant par
moy estoit désirée de veoir comme celluy qui lonc tamps
en avoye esté moult loingtain ; et le grant amour ser-
tayne que je l'y ay, me faizoit souvante foix le journée,
d'elle avoir le souvenir, tant que par celluy panssement
m'estoyt avis propremant que la nuyt, en moy dormant,
la veoye, dont estoye aillors en si grant plaisir que pas
révellé estre ne vouldroie, tant avoye de joye et de
solas ! Mais si j'avoie esté bien à mon ayse, au reveller
que je fis, je me trouvoye en aussi grant desaise, plein
de douleurs, vuyt de liesse et garni de souspirs que plus
je ne povoie, quant je veoie que tout cella que j'avoie
veu, estoit par le contraire. Hélas ! que tant estoie en
grief peyne, quant il m'en souvenoit, pour ce que mon
vouloir ne povoie accomplir, et que nullemant de elle
approschier ne me pouvoie ; car se pour chevaux ou
pour mes piés, moy puisse ajouster, peyne et treveil,
tout me seroit néant. Mes je suis yssi, en çes ylles de
mer environnées, à la merci de Dieu et du vant lequel

au présant plus je vouldroie que ung chastel plein d'or.
En telle manière souspirant, me demouroie, priant à
Dieu qui toute grace donne, que à moy voulzisse donner le vent que j'avoie nécessaire pour mon retour, à
celle fin que je puisse assauvament aller où leditte très-
chière et bone amye demouroit, et que ce fust briefment. Ores quant j'estoie partie de Palermo pour venir
à cestuy chastel de Lazinello, je avoye ordonné, on le
chastelain de chastel de le mer, que si tost comme il
vensse nulle nef en Palermo, après que le moys de
jenier fust passé, qu'il encontinent le me fist assavoir
là où j'estoie.

Après que ledit moys fut passé, arriva une grosse nef
audit port qui venoit de Napoli, lequelle voulloit aller
en Cataloigne, à la cipté de Barcellone. Et comme ella
fut arrivée, ledit chastelain ala parler on le patron
d'icelle, qui avoit nom Michel Buguere, disant li que je
voulloie passer vers celles parties où elle vouloit aller,
et qu'il moy attendisse jusques à ma venue. Lequel patron en fut bien content de le fère, et tantost ledit
chastelain le me fist assavoir, ainssi qu'il estoit ordonné
par avant. Et je voyant que celle malle yvernée estoit
passée, et le bon tamps de le primeure venoit qui toute
douceur de tamps ameyne, eu grant joye de ces noelles,
et parti du susdit chasteau où j'avoie demouré le moys
de désembre et de genier, et du moys de fevrier jusques le .x^e. jour; lequel je en parti pour torner à leditte sipté de Palermo, et fis celle mesme voye que d'a-
vant avoye fette au venir, quant j'estoie parti. Lequelle

nuyt m'en alay couchar à Termes, et lendemain matin, après le messe, m'en alay disner à ungs houstels qui sont par della une églize que l'on appelle Saint Michel qui est en my la voye, et après que je fuy disné, je montay à cheval et tenuy mon chemin tout droit vers leditte cipté de Palermo en lequelle je arrivay celle nuytée; et là, ordonay de achater toutes mes provisions que me faizoient besoing, pour bouter en la nef susdite où je devoye aller.

Ore quant je fuy arrivé en leditte cipté de Palermo, lendemain après disner, je chevauchay pour terre pour aller à une cipté que l'on appelle Montreal qui est au pié d'unes grandes montaignes ha .v. milles long de ceste ditte cipté, pour ce que j'avoie oy dire que la églize du Arcevesque, disait-l'on qu'estoit une dez belles que fussent on monde, et où il avoit des plus soutils et estranges ouvratges. Et par ycelle regarder et veoir s'il estoit ainsi come l'on disoit, je me mys en le voye droit à leditte cipté où l'églize estoit que l'on appelloit l'églize de Sainte Marie. Et quant je fuy arrivé par della, je allay tout droit vers leditte églize et trouvay que les portes d'icelle estoient fermées; et tantost je vi venir ung moyne de ceulx de liens qui, encontinent qu'il me vy, me ouvry toute le porte que estoit en clef fermée; et je entray dedens et allay tout droit au cuer de l'églize où le grant autel estoie. Et là que j'eu fette mon orayson, je m'en allay tout autour de le églize avizer le manière et condicion d'icelle, et comment estoit faite. Si moy sembloit estre moult belle et riche et de estrange maniére ouvrée; car premièremant elle est grande et large par dedens, et tout autour de grans pierres de marbre obrée, à belle rengue sutilement pousées, qui ont bien ung aste de lance de longueur, et environ .v. palmes d'ample, bien gentilles et sont mizes de chief en amont. Et au cuer de leditte églize a d'autres pierres belles et moult estranges et roluisans que l'on puet dedens clèrement veoir; et les appellent porfedo, et en y a trois manières de couleurs: l'une est vert, l'autre est blanc et l'autre de viollé. Et dedens ceste églize, déhors ledit cuer, a une petite chapelle où il a .x. piliers reons de ceste dite porfedo, toux de couleur viollé, asses lonx. Et du cuer en bas, est leditte églize à deux rengues de piliers de marbre toux reons, bien lonx et assez gros, et sont faitz moult soutilemant; et tout les coustés de haut en leditte églize, de l'une part et de l'autre, est toute faite par dedens de menue pierre come ung dé, et la plus greigneur partie soubredourées de fin or, et d'autres, de diverses couleurs. Et cest ouvratge l'on appelle ouvré de musique; et de celle est leditte églize toute estoriée de belles ystories du fait de Nostre Seigneur et de Nostre Dame et des Sains et Saintes de Paradis, sens autre couleur qu'il n'y a fors que celles que les dittes pierres ont. Lequel ouvratge est moult riche et soutil; et bas au seul de leditte églize, est tout fait et ouvré de menues pierres carrées, à petites piesses de pluseurs manyères de couleurs, et aussi il y a de celles pierres susdites du porfedo reondes et de carrées que est très beau à veoir comment le solle de l'églize est très honestemant et richemant ouvrée. Et

pardessus hault elle n'est pas de voute de pierre mès au-
tremant elle est couverte des toys de grans chevirons
bien gentement ouvrés et dépyns. Et liens ha une sépulture de ung roy qui s'appelloit le roy Guillem que, on
tamps qu'il vivoit, fut roy de celle ylle de Cécille et de
Naples; lequelle sépulture est mot belle et riche voyant
les estranges pierres que en ycelle sont. Leditte sépulture est de une trés grande pierre toute entière de celle
ditte pierre que l'on appelle porfedo, de coleur viollé;
et par dessus ceste tombe est le couvercle tout d'une
autre piesse de celle mesme pierre et couleur, et sont si
soutilement joyntes que eschassemant l'on le puet conoistre. Ceste sépulture se soustient hault sur terre
soubre piliers de celle pierre, et à l'environ, ha .vi. piliers reons qui aussi sont toux du avant dit porfedo
viollé, lesquels soustiennent une couverture de ung
porfedo blanc qui trespasse toute le sépulture, gentement fait à manière d'une couverture de chapelle. Et
davant ceste ditte sépulture, ha une tombe de pierre où
le filz de cestuy roy est ensévillis que avoit à nom le
roy Guilhem, ainssi comme son père, lequel fist fère
cette ditte églize; lequelle tombe n'est my si belle he
fette si richemant, he encore quant il trespassa, il ne
y voulloit point pour ly. Car il dizoit, sellon qu'il dient,
que celles ondrances he vayne glories du monde, assa
mort n'avoit il cures. Toutes foix les moynes de liens y
ont faite a celle que je dy, à mémoyre de ly; et de
l'autre cousté est le sépulture du roy saint Loys qui fut
roy de France, out il fu mis après qu'il fu trespassé;
don me dizoit le moyne qui le porte de l'églize m'avoit

ouverte, qu'il mourut es parties de Barberie, tenant assigié ung roy sarrazin davant Tonys, et là en cell lieu
finit de sa maledie; et puis fu pourtés son corps à ceste
églize et mis en cette ditte sépulture. Et le roy de
France qui par le tamps estoit, envoya prier au roy
Guilhem de Cecille qu'il ly voulsisse envoyer le corps,
et qu'il lui trametoit une des épines de Nostre Seigneur
et ung chaperon de Nostre Dame. Et ledit roy Guillem
resseu le présent et ly envoya le corps de saint Loys,
excepté les ventrailles qui demourérent pour reliques
en laditte tombe, Et encore je demanday audit moyne
coment il estoit allé du sietge qu'il tenoit au roy de
Tonys Sarrazin. Il me dit que, quant il fut mort, sa
gent demoura toute audit roy Guillaume, père d'icelluy
qui fist le ditte église; et le roy de Tonys qui assigié
estoit, lui donna une somme d'or par tiel qu'il se levast
du sietge et s'en allast avec toute le gent. Et ainssi il le
fist et se départi du sietge : et par celle cause le ap-
pellent-on depuis ensà le mal Guillem, et asson fill l'on
appellent le bon Guillem, par se qu'il avoye fait fère et
bastir leditte églize. Et fist porter le corps de son père
et celluy deudit saint Loys de France qui aillors estoient sévelis, en le églize susditte lequelle, en seu
tamps qu'ilz morirent, n'estoit mye achevée. Et les
portes d'icelles sont de boys, mes pardessus sont toutes
couvertes de métal, lequel est tout ouvré et pourtrait
de ymatgés ystorié honnestemant. Et davant le grant
porte de ceste églize, ha une plasse asses grande couverte de boys gentement; et soustiennent leditte couverture .viij. piliers de marbre reons et bien haults et

plain lais, et toute celle paroy davant celle entrée et les
coustés, tant comme tient leditte couverture qui est
tout de belles tables de marbre joyntes cousté et cousté, mises au lonc le chief en amont, moult belles et
playnes. Et toute le place de bas est ouvrée de belle viol-
lete de pierre et de grandes pierres de porfedo et de
marbre, et est mot beau à veoir le entrée de ceste ditte
églize. Et au cousté de celle a une claustre carrée lequel ha .lxiij. pas de lonc par chascun cairé. En chascun
dez trois cairés, a un griffon par out gete l'eue fresche,
nuyt et jour, et devert le porte par où l'en entre en leditte claustre, n'en ba poynt, mes à l'autre cairé devers
celle part, à main droite, en a deux : l'une saill par un
grant griffon, l'autre par un petit pillier reont que est
de celle pierre d'un porfedo vert, et l'eue saut par le
chief d'amont sans cesser. Et tout autour de ceste
claustre sont les piliers de deux en deux mot gentemant
ouvrés ; l'un pareil de marbre tout plain bien ouvré et
entrelassé à chacun chief ; et l'autre pareil tout ouvré
de ouvre de musique de celle menue pierre susditte
soubredorée, et les chiefs soutilmant entrelassés en diverses maniéres. Et pardessus la claustre, sont les deux
cairés couverts de voute de pierre, et les autres deux non,
ains sont de boys parsequ'il ne fut achevé ; et au cairé de le
claustre où sont les deux griffons de le fonteyne, est le
porte du reffreteur lequel est bell et gent, lonc et large
asses ; et au mylieu de celluy a ung pillier de marbre
fait tout en reont, et par le chief de haut saut l'eue, et
celle qui tombe, chiet asson pié et s'en vet par conduys
déhors. Si que l'églize et tout le monestir me sembloit

estre beau et puissant d'ouvratge et de notables hediffiamens, mes il ha si lonc tamps qu'il fut fait qu'il se
disenys tout, et est grant perdre de laixer ainsi décheoir un tiel ouvratge. Enquore demanday - je au
moyne combien il avoit de tamps qu'il fut fait. Il me
dist qu'il povoit bien avoir .cc.lx. ans, et souloit estre
au comensement abbaye, et y eut deux abbés, et depuis fu fait arcevesquez, comme il est au présent. Si
luy dis s'il povoient savoir ni trouver par livres de celle
églize quant povoyt bien avoir cousté de fere ? Il me
respondi qu'il ne le trouvoient par escripture, mes il
estoit dessi grant à fère qu'il seroit grant fait à la somer
he estimer toutes celles grans pierres dessus dittes, lesquelles, dizoit-il, estoient apourtées de Troye et de Cons-
tantinoble, et c'estoit grant merveille à trouver tant
belle et puissante pierrerie comment il y a, ny de
estre ouvrées par la manière et si richement. Et sus
hault, en le montaigne, ha ung chasteau que l'on appelle
le chasteau de Montreal ; et chiere pour chiere de leditte sipté, non guières long, ha une abbaye que appellent le abbaye de Loparto.

Ore quant j'eu avizé ceste notable églize et m'en tour-
noye à Palermo, je trouvay en le voye le chivallier
messire Arnaud Guillem de Sainte Collome, guascon et
filz du honorable chevalier que si grant compaignie
m'avoit fette en Cecille, comme pardessus est dit, lequel
venoit au davant de moy, chassant en son oustour. Si
que je me mys à chasser et ne trouvâmes fors que ung
oiseau que appellent francolin qui ressemble une pardis,

et l'oustour le voulla et le pris ; et après, nous entour-
nâmes en la susditte cipté de Palermo.

Or devez savoir que en leditte cipté de Palermo se
fait grand quantité de sucres, comme par avant j'ay dit
dessus, lequel voulloie veoir le manyère comment ilz
le faizoient. Si que ledit chevalier moy mena en ung
houstel où ledit sucre se faizoie. Le sucre il croist ès
champs et ressemble que ce soient chevenières, et oussi
sont elles de celle mesme manière, mes que elles ont
dedans mesolle, et croistent deux fois l'année, sellon
qu'il dient. Et quant ilz lez ont culhiers, ils les dépes-
sent à menues piesses, et puis les mettent dans ung
trueill de pierre à ung cheval qui tourne une roe tout
environ, comme l'on fet l'eulle en nostre pays. Et quant
il est bien moulu et rompu, ils le boutent en un petit
trueill de bois et là le cugnent bien fort ; et tout le
sustance qui de liens saut, ilz mettent dens grans chau-
dières qui sont sur un grant four alumé de grans piesses
de boys que fortement les font boillir. Et quant il est
bien cuyt et parboilli, ils le boutent en manches de toille
où ilz le font couller ; et après, le mettent en petis cour-
nes de terre, et là le leessent esfréir jusquez tant qu'il
se prent. Et quant il est bien pris, il est fait sucre, et en
telle manière le faizent, mes il y faut pluseurs abille-
mans et choses à se fère que me semble soient de grans
coustatges.

Quant se vint le jeudi après venant, que estoit le .xv°.
jour du mois de feuvrier, je me mys en mer en le sus-

ditte nef qui du royaume de Naples estoit venue, lequelle estoit belle et grande. Et le patron de celle estoit catalain et avoit nom Michel Boquère qui voulloit aller en Barcelone; en lequel je m'enbarchay à eure de mydi. Et allions le voye de Caille, on réaume de Sardeigne, et quant fûmes bien à .xxi. mille à l'avant, veymes une nef, ne savyons d'où estoit; et entre les Catelains et les Genevois, estoient les tréves qu'ilx avoyent entr'eux, rompues, et avoient guerre. Si que penssa le patron de nostre nef et lez autres, que ceste nef fussent de leurs henemis genevois; et elle venoit prendre port à le cipté d'où nous estions parti à Palermo, et nous tirons à l'avant nostre chemin. Et quant fûmes près et près les uns dez autres, envoya le patron une barque garnie de gens vers elle, savoir s'ilz estoient genevois; et ilz nous trametoient en icelle l'escrivain de leur nef, que n'en savions riens. Et paravant que nostre barche fusse de retour, à nous passer, nostre nef avoyt jà eu le vent contraire que l'avoyt fette revirer d'où nous estions parti. Si que les nefs toutes deux tenoient une voye; et come l'autre cuydoye passer par davant le nostre, nous fûmes aussi tost au pas come helle; je ne say se elle le faizoit pour s'en aller, combien que nous ne volûmes per helle pas laixer nostre voye en sel poynt, nous fûmes si près que nous fausit ahurter; sur ce lesdittes nefs ambedeux se entreflèrent des chasteaux d'avant tellement qu'il sembloyt que toutes deux fussent débrisées. Si que de le nostre se rompit asses de fustatge et toutes les deux bonetes que se tenoient en le voille du grant albre, en lequelle fit de si grans partus

que par le mendre pourroie bien passer une grosse pipe.
Et nostre nef le encontra tiel coup qu'il l'enpourta tout
le chasteau d'avant, et mist en piesses l'aubre qui dedens celluy estoit, et pluseurs autres tables qui voul-
lèrent pour mer; et par se que le fait fut ainssi avenu,
nous cuydames toux qu'ilz fussent genevois qui prendre
nous voulsissent; getz de dardes et de lances se comens-
sent à descharrier sur eulx, tellement que null d'eux
n'ouzoit demourer hault en couverte. Car ils alloyent si
espessement que null remembrament en eux avoir ne
pouvoient, de riens que fère deussent per fère nulle
défense. Ore se aluignérent les nefs un poy que l'on
n'i povoit plus trere; et nostre nef comence à prendre
le tour par retourner sur eux, et leur fu crié abayssacent
les voilles à bas. Ils qui virent qu'il estoient prés de recevoir autre hurt, tantost abaicérent, come ceulx qui
se veoyent pardus; car nostre nef estoit asses plus
puissante que la leur et mieux garnie de gens. Et quant
fûmes davant eux retournés, ilz mostrérent une ban-
diére de Cécille disant qu'ils estoient des nostres, et
criant par Dieu merci que leur nef estoit toute ouverte
et desjoynte, et le mer entroie mallement liens, que ne
voulsissions fussent perdus. Si que le patron estoit
constre moy, et je luy diz qu'il n'y eust plus encontre,
car il seroit périll que à l'autre foix, helle s'en entrast
affons, mes que eussions pitié d'eux puisque mercy
demandoyent. Ainsi fut fait, car autrement ilz estoient
en voye d'estre péris en le mer. Si leur demanda-l'on
pourcoy avoyent eulx voleu hurter à nous que veoyent
bien que estions plus fors que eulx. Ils distrent que ne

voulloient-ils point mes îe vent le leur fist fère à force,
maugré qu'ilz en eussent. Après que ce fu fait, arriva à
nous le nostre barque qui encore n'estoit tournée, avec
l'escrivain de leur nef; et à ly fut demandé se le nef
estoit genevoise ou sécilliene, comme helle dizoit. Il dist
que vrayment elle estoit de Cécille et venoyt de Alexandrie où elle avoyt chargié d'espisserie, et avoit passé
pour Candie et aqui avoit achaté .c.l.xxx. pipes de Mar-
vezie que elle pourtoit à Pallermo. En tent le vent
contraire se reffresque que ne puymes passer avant,
ains nous en fist tourner vers Palermo où nostre nef alla
arriver lendemain en ung port que l'on appelle Saint
George où il ha une églize, lequelle est entre leditte
sipté et une montaigne qu'eux nomment Monto Pelle-
grino. Et là le patron me dist que je povoie aller en le
cipté se je voulloye; car il falloit attendre le bon vent,
et qu'il me vendroit querre, quand il seroit tamps de
partir, et trouveroye que le nef seroit adobée. Et ainssi
il me fit trere une barque déhors que me pourta ariver
à terre, et je m'en tournay vers le sipté d'où j'estoie
parti le jour d'avant.

En telle manière, je demouray en leditte sipté tant
que nostre vent venisse; et quant il vint, furent quatre
jours passés, aprés lesquels je m'en retournay en le nef
ung lundi, le .xixᵉ. jour du susdit moys, et prymes
nostre voye, au pleisir de Nostre Seigneur, pour tirer
avant. Et quant j'eu allé .lx. milles, trouvay une ille
déserte que l'on appelle le Ostegue, et partent d'icelle
plus à l'avant, trouve-l'en trois ylles d'un renc, l'une

devant l'autre : le première s'apelle la Yuisse lequelle
est déserte; le seconde a nom le Fouhane, en icelle ha
ung chasteau ; la tierce qui est plus avant, appellent le
Maresme où il n'a nulle habitacion ; et de le susditte
ille de l'Ostegue à yceste ille de Maresme, comptent
.lxxx. milles; lesquelles trois illes laixe-l'en à main
cénestre qui vient en Sardeigne pour celle partie.

Item, partent de celles dittes illes, je allay sy à l'a-
vant que je fuy à le veue de l'ille de Sardeigne bien
prés, que cuydions lendemain y arriver; et pour doubtance de le terre encontrer, par cause de le nuyt que
dessus nous venoit, les marinyers nous firent prendre
place en le mer. Car la nuyt faizoit moult escure, et ne
feysoit point de lune; et quant le nef fu al large de le
mer, le vent la pris et l'enpourta si priont que, quant
vint à lendemain, null de le nef n'eut puissance de
veoir terre. Et si cuydions bien estre allés nostre chemin, et furent toux esmerveillés comment puyons estre
si alongnés de le terre que le jour d'avant avions vue;
et come nous cuydions ajouster de leditte ille, et tout
jour en alloinyons plus; atant alâmes pour retourner en
leditte ille que en tornejant sà et là par le mer, null ne
savoit en quel port estoie, tant avions roddé et tournoié
le mer. Après vint ung soir que aucuns mariniers mon-
térent haut sus le chasteau du mast, pour veoir si
pourroient veoir terre; et à une ille qu'ils virent,
cogneurent que nous estions en les parties de Berberie,
près de Tonis où le roy sarrazin demeure à meyns de
.xx. milles. Si que toux furent merveillés grandemant

que povoit avoir esté que nous fussions ainssi tombés en celles marches.

Ore le vent estoit sessé et estions en calme, et ne poyons aller avant ne arière, dont chascun estoit bien en panssée et commensoyent à parler l'un à l'autre leurs oppinyons ; disoit l'un : Nous avons failly le chemin pour deffaute dez mariniers qu'il n'ont pris plus hault nostre voye. Disait l'autre : Il fait si grande obscurté la nuyt que l'on ne puet veoir où l'en doyt aller. Et disoye l'autre : A nostre enbarchier de nef devions avoir regardé que la lune fusse en bon poynt. Et l'autre dizoit : Attant come celle famme qui est en le nef, soit allotgée si près du tymon qui est guovern de le nef, nous ne pourrons aler avant. Se dizoit l'autre : Il doyt avoir siens quelque malvaize chouse qui nous garde de aller notre voye. Et l'autre dist . Il a près de Caille, sur le mer, une églize de Nostre Dame qui fait de grans miracles, que l'on appelle Sainte Marie Débonayre, ayons donné chascun de l'argent à fère un beau siri qui arde devant le benoyte ymatge, par tel que lui plaise pour sa pitié nous donner grace que puissions tourner en nostre chemin. Lequelle chouse si tost com elle fut ditte, la vindrent démonstrer à moy ; je leur fis responce que se que fait seroit, par honneur et révérence de Nostre Dame, ne povoit estre que ben fait. Et lors me dyreut que comensesse à donner premièremant ; de lequelle chouse fuy content et comenssay par tel que ledit siri se feisse, et puis les autres aprés. Et là que ce fut fait, trestoux nous mesimes de genoils à comensier la *Salve Regine*. Et quant l'eumes ditte jusques à : *hostende*, aucun ala comensier : *Ora pro nobis, sancta Dei genitrix;* et d'aqui avant comensérent à dir les oraisons. Après que ce fut dit, demourâmes celle nuyt on grant espérance d'avoir auqun bon vent et que lendemain fussions en quelque part où l'on se cogneusse ; et quant fut le jour, nous regardâmes tout autour de nous, et ne veymes que siel et eue, et fûmes ousi loing de terre come jamais enquore plus. Chascun ne s'en tient mye content, bien avoient de quoy, car le Barberie estoit audavant, qui toux jours avoyent fustes par le mer, jassoit que nous avions plus grand navili qu'eux n'avoient; mais nostre nef n'estoit pas grandement pourveue de vitailles par le long demourée qu'elle avoit faite, que ne cuydoie pas tant tarder de estre en Caille et pour se que celles que nous avions estoient presque défaillies ; et de busche n'avions jà point, ains faizoient feu de cordes que en y boutoyent de oussi grandes come est le bras d'un home ; de l'eue fresche y avoitil bien poy, combien que le nef estoie bien avitaillée de vin grèc, de quelques .c.lxx. pipes, et pour cause d'autres vitailles qu'il n'y avoit, estoient les gens plus descomfourtées. Car dobtoyent alongament de tamps ou quelque mal exident que nous venisse de nuyt encontre quelque. roche, pour ce que ne savions celles mers. Hellas! dizoient-ils ; que nous avons ainxi failli le chemin, je croy que cést a nom enchantement! Et vont demander à moy que se povoit estre ? — Je nessay, fije ; se n'est le voullenté de Dieu, mes je vous diray se que moy semble : nous comensâmes l'autre soir à dire le *Salve Regine*, et ne achavâmes pas de dire, *ô clemens, o pia, o dulcis Virgo Maria;* pourquoy je vouldroie bien que nous la comensassions de le dire autre foix et que la achevons toute; et là que se soit fait, ay espérance en Dieu et la Vierge Marie, que nous trametra bon vent. Distrent les ungs que ce seroit très bon; et autres qui se prindrent à rire. — Et ries vous en, fi-ge, vous prisies poy, se me semble, se que plus vous puet aydier. Ainxi le chouse demeura par tel deux jours passés que encores n'avions eu vent qui nous puisse bouter avant; car nostre nef estoit grant naville et avoit besoing force de vant. Et après que les deux jours furent passés, ils vindrent à moy et me distrent : Je croy, firent eux; que ce que vous aviez dist sera veoir que nous ne pourrons partir d'essi jusque se que le *Salve Regine* soit achevée. Je leur respondi : Je le vous ay bien dit, et pances que ce soient bourdes, mais là où plus se tardera à dire et plus vous en pourrietz repentir, mes ajoustes vous trestoux, et encontinant que la ayons comenssier. Se dirent eux : Nous le voulons bien et qu'il se faize. Et c'estoit ung mardi au soir et nous avions jà esté environ quinze jours en mer; ainsi nous alâmes toux mettre à genoils et comenssier le *Salve Regine* qui ne demoura à chevoir, come l'autre foix avoie fait quant elle fu ditte. Ore, fi-je; ayons prié se que plus nous puet aidier à Nostre Seigneur et ayons trestoux bone espérance en elle qu'elle nous aydera.

En tant demourâmes celle nuyt, et quant vint au jour, un petit vent fresquet fut venu que poy à poy se refresqua et nous comensa à tirer vers le ille de Sardeigne où nous voulions aller. Et tout celluy jour feymes nostre voye, et à l'autre endemain le gueyt de nostre nef va voir liens en le mer, une nef et eschessemant estoit jour cler, et j'estoie jà levé et hors de ma chambre et prés de ly quant il l'a veu, et lors chascun se comensa à lever et monter hault sur le nef pour la veoir; et fut ordonné que une barque l'on boutest déhors le nef et que allasse savoir qui elle estoit. Ainssi fut fait tantost; l'on tramist vers elle une barque, et quant fu prés de leditte nef, ils parlérent ensemble; et entrérent ceux de de nostre barque en leur nef, et trouvèrent quelle estoit cécilliane, que partoit de Trapena et avoit esté sinq jours en mer roddant, comme nous autres feissions, et voulloit aller à Caille, en l'ille de Sardeigne, come nous. Et nous eumes grant joye d'avoir trouvé compaignie et pour savoir de nouvelles; car nous ne savions combien avions à aller. Et elle dit à ceux de leditte barque, que nous estions bien à .xxx. milles du chief de Carbonayre qui est en leditte ille de Sardeigne à .xxx. milles de Caille où nous voullions estre, et elle aussi.

Quant nous oymes ceste novelle, nous fit grant recomfort, car nous en penssions bien estre trop plus loing, et avions doubtance de passer nécessité, si guières demourions plus. Toutes foix celluy recomfort nous fu joie sens profit, car nous coneumes bien après qu'il en y avoit encore plus de .cxxv.; mes tout jour nous suivymes selluy vent qui venu nous estoit, lequel

se revenu si fort que passâmes l'autre nef hors de toute
veue; et ne nous donâmes guarde que fûmes près dudit
port de Caille et là arivâmes ung poy d'avant mye nuyt,
le premier jour de mars. Et comme lendemain j'eu
pris terre, sans rescansser en le ville ne en nulle part,
je tenu mon chemin à Sainte Marie de Carbonayre, et
pluseurs autres de le nef qui ainxi l'avoient empris.
Et là je oy ma messe en le chappelle qui est bien dévote,
et lendemain y fu porté le brandon que avions donné à
Nostre Dame aveque mes armes en ycelluy, lequel pésoit
.xxviij. libres, et là regraciâmes Nostre Dame de le
grace que faite nous avoit. Plus bas de ceste églize, à
un chief qui entre en le mer, ha une églize que l'on
appelle Saint Hellie, que puet bien estre à deux milles
de Caille; en lequelle sipté je demouray .viij. jours.

ITEM, de Caille je parti le novéme jour dudit moys de
mars, à heure de terce; et trouvâmes en le mer que le
nef que premiéremant avoit esté en nous, voulloyt
arriver, lequelle, je croy, n'avoit peu entrer par le
grand tourmente qu'il avoit fette. Et nous tenumes
nostre voie au chief de Taulat où l'en compte de Caille
.lx. milles.

ITEM, de Taulat au port de Boutes : x. milles, et
davant celluy port, est le ylle que s'appelle Palme de
Sols, à .viij. milles; de lequelle ille j'ay parlé au
comensemant plus à plain, et davant ceste ille,
à .v. milles en le mer, ha une montaigne que l'on
appelle le Vaque; et dessoubz ycelle a une rochette
souparée par soy que appellent le Vedell.

Item, ha .x. milles de ceste montaigne que appellent le Vaqua, d'entre le mer, a une grant roche reonde que s'apelle le Toro, et je passay entre l'une et l'autre. Lequelle roche le Toro est bien haulte et droite, et là fait beau veoir, et me semble que ung chasteau, se y estoit, y fusse bien assis, et moult fort y seroit tant qu'il y eusse de vitailles.

Item, de celluy Toro à l'ille de Saint Pierre : xx. milles, lequelle est asses grande mes est sans nulle poblacion.

Item, partent de ycelle l'on entre en le guolf de Lion que dure .cclxxx. milles, et au chef de celluy guolf est le ylle de Menorque, en lequelle ille, près de le mer, ha une montaigne sus lequelle ha une églize que l'on appelle Sainte Marie de Touron de Menorque, et plus à l'avant ha ung puy on lequel ha ung chastel qui bien semble estre fort, lequel s'appelle Fournells; et ceste ditte ylle de Menorque a de tour .c. milles.

Item, de l'ille de Menorque au royaume de Malhorque : lx. milles, lequelle ylle a .cc. milles d'environ.

Item, du royaume de Malhorque à la cipté de Barcelone : cc. milles, en lequelle sipté de Barcelone je arrivay le .xiiij⁰. jour du moys de mars, l'an mil .cccc.xix.

Item, le .xxiiij⁰. jour du moys de mars, je parti de laditte cipté de Barcellone, et fis le voye vers Molin de

Rech, une ville où l'on compte .ij. lieues, et à la moytié de cest chemin, a une place, à main cenestre, bien haulte que l'on appelle Cervellon.

Item, de Molin de Rech m'en alay à le ville de Mertorell : ij. lieues; et au my du chemin, passay à une barche le riviére que appellent Lobregat.

Item, de Martorell à Saint Pierre de Breze.   j. lieue.

Item, de Saint Pierre de Brese à l'Esparaguiere........................... mye lieue.

Item, de l'Esparaguiere à Coll Baton... mye lieue; et là a ung beau chastellet en avantatge.

Item, de Coll Baton à Nostre Dame de Monserrat........................   i. lieue, out je arrivay le jour de Nostre Dame de mars que l'on comptoit mil .cccc.xx.

Item, de Monserrat à Chastel Gualhin..   ij. lieues.

Item, de Chastel Gualhin à Manrese....   j. lieue.

Item, de Manrese au lieu de Torroelle..   j. lieue.

Item, de Torroelle au Chastel de Calus.. mye lieue.

Item, de Calus au lieu de Surie....... mye lieue.

LE CONTÉE DE CARDONE.

ITEM, de Surie à Cardone ; chief de conté .ij. lieues ; lequel est un fort chastel hault sur une montaigne lequelle est toute de sal dont tout le pays de Cataloigne se provedis.

ITEM, de Cardone au lieu de Solsone.... ij. lieues ;

ITEM, de Solsone au chastel de Cambrils. iij. lieues ; lequel chastel est très fort et en très grant avantatge de roche de toutes pars, fors que d'une petite venue qu'il ha dessus tant solement.

ITEM, de Cambrils à Perles : j. lieue ; et à main droyte voyt-l'en ung chastel sur une pene de roche qui est moult grandement haulte et droyte, lequel chastel s'apelle Liuyan, et partent dudit Perles l'on entre en le visconté de Chastelbon.

LE VISCONTÉ DE CHASTELBON.

ITEM, partent de Perles passe l'on au pié d'un chastel que appellent Canelles, et au pié d'un autre qui s'apelle le Roquete, et ung autre qui appellent Pujol, et à ung autre qui s'apelle Narago : qui sont tréstoux moult fortz ; et après on trouve le ville d'Orguenhe où l'on compte de Perles en fora .i. lieue.

ITEM, de Orguenhe au lieu de Sentis ; ij. lieues.

ITEM, de Sentis au lieu de Asfa : mye lieue.

ITEM, partent de Asfa trouve l'on ung chastel qui appellent Montferrer, et après l'on trouve ung beau chastel à une ville au pié ; lequel chastel se appelle Ciutat, et puis aprés l'on trouve le cipté qui s'appelle le Seu d'Urgel out comptent de Asfa en fora : mye lieue.

LA VAL D'ENDORRE.

ITEM, partent de la Seu d'Urgel, entre l'on en le val d'Endorre ; et premiéremant l'on trouve le chastel de la Bastide, et après, Saint Jolyan ; et après, Endorre ; et après l'on trouve ung pont de pierre, et prés de celluy pont ha une fontayne de eue chaude ; aprés y est ung lotgis que appellent Enquant, et après autre lotgis qui s'apelle Canillo où l'on compte de laditte Seu d'Urgel en fora...................... iiij. lieues.

ITEM, de Canilho à l'Espital de Sainte Suzanne .iij. lieues, et l'on passe ung grant port de neges, de males montées et d'avalhées moult dangéreuzes de passer.

ITEM, de l'Espital à Esmarencs......... j. lieue.

ITEM, de Esmarenx à Dax en Savartes... j. lieue ; et aqui avans que l'on entre en le ville ; par déhors ha ung chastel que est moult grandement fort, à main droyte, et à ceste place l'on saille de le val d'Endorre et entre l'on en le conté de Foix.

LE CONTÉE DE FOIX.

ITEM, d'Ax à le ville de Tarascon...... iij. lieues ; en lequelle ville ha ung fort chastel et un autre qui est par déhors le ville non guières loing ; et à yceste ville à main droite est le chastel de Lordat moult grandement fort.

ITEM, de Tarascon à Foix............ ij. lieues ; et pour le chemin l'on voyt deux fortes places asizes sobre grans avantatges toutes deux, et le première siest à main destre, que l'on trouve après, que se nomme Mongalhart.

ITEM, de Foiz à Sadarcet........... j. lieue.

ITEM, de Sadarcet à la Bastida........ j. lieue.

ITEM, de la Bastida à Chastelnuef...... j. lieue.

ITEM, de Chastelnuef à Riumont....... j. lieue.

ITEM, de Riumont à Lescure......... mye lieue.

LE CONTÉE DE COMENGE.

Item, de Lescure à Monjoye.......... mye lieue.

Item, de Monjoye à la cipté de Saint Leser de Cosserons..................... mye lieue.

Item, de Saint Leser à ung chastel qui
appellent Caumont .... j. lieue,
et au pié du chastel passe une rivière qui s'apelle le
Salat, par dela lequelle riviére a ung chastel qui appellent Taurinhac.

Item, de Caumont au chastel de Pratz... j. lieue.

Item, de Pratz à Poentis............. iij. lieues.

Item, de Poentis à Miramont qui est bien fort .j. lieue,
et aqui passe la rivière de Guarone.

LE PAIS DE NEBUSAYN.

Item, de Miramont à une bonne ville qui s'apelle
Saint Gausens, à main cenestre du chemin, a ung lieu
qui s'apelle Valentin ; et tenant le chemin à l'avant à

main droite, a ung chastel qui appellent Villenavete
out comptent de Sent Gausens . . . . mye lieue.

ITEM, de Villenavete entre l'on en Lancdehoc jusques au lieu de Lanemesan, où il ha . . . . . iij. lieues.

ITEM, de Lanamesan au lieu de Tornay.   ij. lieues,
et voyt l'on à main cenestre un fort chastel qui s'appelle
Malvoysin.

ITEM, de Tornay à la sipté de Tarba . . .   ij. lieues.

LE CONTÉE DE BIGHORRE.

ITEM, de Tarba à Ybos . . . . mye lieue.

ITEM, de Ybos à Ger . . . . mye lieue.

LE PAIS DE BÉARN.

ITEM, de Ger au chastel de Pau : iiij. lieues, lequel
chastel est pour le dit dez gens *le plus bel du monde
fait de main d'ome;* car il est tournoié, à l'entour
desson pié, d'un beau talu fait de bone massonerie de
pierre caruelé tout à l'entour, et est bien hault ; et au
pié a un molin à une grosse tour et forte, et le rivière

du Gave l'i bat au pié. Et au chieff de cest talu, est un beau jardin en lequel a une belle fontaine, et de cestuy jardin puet l'on entrer sur le chief de leditte tour du molin à une plance levadisse. Or vint que de cestuy talu out le jardin est, a ung autre talu par dessus fait pour ceste manière que cestuy, mes non pas si haut, et dessus a une murrete tout entour; et par dedens celle murete, est le murralle du chastel à quatre quayrés bien haulte et toute machacollée à l'entour; et par dedens ceste muralle, a quatre grosses tours machacollées et par dedens notablement basti : de sales, chambres, chapelles, il hy a pluseurs; et le place du mylieu du chastel est toute faite de beau pavemant de pierre, et là est le jeu de la palme. Et au chief de ceste place, ha ung trés beau puis; et qui veult entrer en cestuy chasteau l'y faut entrer par .v. portes de fer. Si que, à mon avis, c'est le plus bell que j'aye veu, et mieux compli de toutes choses. Lequel chastel fit fére ung conte del Foix qui nommoyent en celuy tamps Fébus.

ITEM, de Pau à la sipté de Lescar...... j. lieue.

ITEM, de Lescar au Lac............ iiij. lieues.

ITEM, de Lac à Hortès.............. ij. lieues; où il ha une puissante ville et riche; et au chief d'icelle, a ung trés beau chastel et fort qui ha ung beau fossé entour de pierre tallée, a une grosse tour dedens le murralle tresque belle et forte; et au pié dudit chasteau devers l'une part, a une grant praerie, a une foret laquel est revironée de beau palenc, et par dedens demeurent de serfs et de daynes ; et par dedens ledit chastel, à l'entrée du tinel, a ung beau porge en lequel sont figurées et pourtreytes de toutes manières de bestes masle et femelle, de chascun ung pareill. En lequel chastel je tint feste de Pasques on le conté de Foix.

Item, feste passée, je partis de Hortès et m'en alay couchier à .ij. lieues, à ung chastel et ville qui s'apele Saut de Noalhas.

Item, de Saut à Urgons............ iiij. lieues.

Item, de Urgons à la ville de Durffort.. ij. lieues.

LE VISCONTÉ DE MARSSAN.

Item, de Dursffort je m'en alay disner à une abbaye qui est bien près d'aqui, lequelle s'apelle Saint Jehan de le Castelle, et d'illeques passay à une ville près de ceste abbaye qui se nomme Casères ; et plus avant alay à ung chastel qui s'appelle Puyon, et alay couchier celle nuyt à le ville de Roquaffort où l'on compte de là où je estoie parti .v. lieues ; en lequelle ville a deux chastels et deux rivières : l'une se nomme le Lodose ; et l'autre, l'Escampon.

Item, de Roquaffort je m'en venuy oyr messe et disner à chasteau Geleux et puis à Caumont où il ha de

Roquaffort .ix. lieues, out je arrivay de retour de mondit voyatge, le .xiiij⁰. jour du mois d'avril que l'on comptoyt mil .cccc.xx. Et estoyt le .viij⁰. jour de Pasques, auquel voyatge complir je demouray ung an, ung moys et .xv. jours, plaize à Dieu que ce soit assauvation de mon arme. AMEN.

EXPLICIT LE VOYATGE D'OUTREMER.

Johannes vocatur qui escripsit, benedicatur
Et ejus cognomen Ferriol esse dicatur.

CE SONT LES JOYES QUE SONT EN LE HUCHE DE SIPRÉS ACHATÉES EN JHÉRUSALEM.

PREMIEREMANT : ung drap de damas roge et ung autre douré.

ITEM, une piéce de camelot noir.

ITEM, une piéce de satyn blanc.

ITEM, une piéce de tele fine.

ITEM, une piéce de telle d'Indie vetade. Et autre tant de telle blanche.

ITEM, une piéce de soye blanche.

ITEM, ungs pater nostres d'evoyre blanc.

ITEM, six pater nostres le musquet noir.

ITEM, quatre cordes de pater nostres de cassidoine et de cristal et quatre cintes de soye blanche et de fil d'or que sont les mesures du Saint Sépulchre Nostre Seigneur et de Nostre Dame.

ITEM, troys borsses de soye et de fil d'or.

ITEM, deux petis draps de soye et de fil d'or que sont pour couvrir le custode Nostre Seigneur.

ITEM, xxxiij. anels d'argent qui ont touché au Saint Sépulcre.

ITEM, xij. croix d'argent surdourées et ung cassidoine enclaustré en argent, lesquels ont touché au Saint Sépulcre et en les autres saintes reliques.

ITEM, une pierre précieuze de trois manières de pierre enclaustrée en or, avec une perle lequelle ha touché au Saint Sépulcre Nostre Seigneur.

ITEM, une pierre précieuze que est bonne pour les huills.

ITEM, v. serpentines, les trois de coulleur jaune; et l'autre de colleur persse et blanche; et l'autre toute blanche; lesquelles sont bonnes contre venin, et une grosse croix dourée que ha touché au Saint Sépulcre.

ITEM, xxvij. croix de perles qui ont touché au Saint Sépulcre.

ITEM, vj. anels de calssidonie vermeills qui sont bons pour estancher sanc et ont touché au Saint Sépulcre.

ITEM, x. anels de serpentine; les cinq vers; les autres cinq pignaillez de la mesme coulleur, et ont touché au Saint Sépulcre et à lez autres saintes reliques.

ITEM, reliques de la terre sainte de Jhérusalem, où il ha de le columpne sainte où Jhésu Crist fu lié et batu et flagellé à le mayson de Pilat; du mont Calvaire où Jhésu Crist fu crucifié. ITEM, de la grépie où Nostre Seigneur fu pausé entre le beuf et l'ane. Item, du lieu où fu trouvée le vraye croix. Item, du sépulcre ma dame sainte Caterine où fut sévellie. Item, de le porte dorée par lequelle Jhésu Crist entra le jour de Ramps en Jhérusalem. ITEM, de le osse saint Barnabé et des .xj. milles vierges.

ITEM, une borsse de damas noire dourée et brodée, et escripte de fil d'or.

ITEM, deux parells d'esperons dourés; et l'un pareil ha touché au Saint Sépulcre.

ITEM, quatre rozes d'outre mer qui ont touché au Saint Sépulcre.

ITEM, vij. pareils de gans blancs de camoix.

ITEM, ung grin d'or et ung fermail d'or où il ha ung robin et .viij. perles.

ITEM, v. ganivetz de Turquie.

ITEM, xv. cordes de pater nostres de siprés, et une de fust d'aloe.

ITEM, six borsses de fil d'or et de soye.

ITEM, auzelles de Chipre pour parfumer chambres.

ITEM, Trois caixons; l'un de siprés, et les deux de fust pinte où sont l'une partie des joyes susdittes.

ITEM, une autre petite caixette de siprés où il ha quatre targes de saint Gorge de ma devise ouvréez de fil d'argent et de soye.

ITEM, xij. ganivetz de Turquie.

ITEM, xxj. borsses de soye.

ITEM, une ambolle couverte de palme, plaine d'yaue de fleuve Jourdein.

ITEM, xiiij. borsses de fil d'or et de soye.

Lesquelles joyes de celuy païs je pourtay pour donner à ma femme et aux seigneurs et dames de mon païs.

VOIATGE

A Sᵀ JAQUES EN COMPOSTELLE

ET A NOSTRE DAME DE FINIBUS TERRE

EN L'AN MIL .CCCC.XVII.

—

Ensuit se ung autre voiatge que je Nopar seigneur
de Caumont, de Chasteau Neuf, de Chasteau Cullier et
de Berbeguieres, ay fait pour aler à monseigneur saint
Jacques en Compostelle, et à Nostre Dame de Finibus
terre. Et fu le .viij⁰. jour du mois de juillet que je parti
de mon chasteau de Caumont, l'an mil .cccc.xvij. Et fuy
de retour à Caumont le tiers jour de setembre aprés
venent, l'an susdit, où il est le nomme des païs et le
nombre des lieues de lieu en autre.

Le chemin de monseigneur saint Jacques en Compostelle et de Nostre Dame de Finibus terre, où est l'un
chief du monde, qui est sur rive de mer en une haulte
roche de montaigne.

Premièrement, de Caumont à Roqueffort .ix. lieues.

MARSAN.

De Roquaffort au Mont de Marssan....   iij. lieues.

Du Mont de Marssan à Saint Seve.....   ij. lieues.

De Saint Seve à Hayetman...........   ij. lieues.

BÉARN.

De Hayetman à Hortés.............   iiij. lieues.

De Hortés à Sauvaterre............   iij. lieues.

BALCOS.

De Sauvaterre à Saint Palays........   ij. lieues.

De Saint Palays à Hostanach........   ij. lieues.

NAVARRA.

De Hostanach à Saint Jehan de Pedes
portz.................................   iiij. lieues.

De Saint Jehan de Pedes portz au Ca-
peyron roge................................. iij. lieues.

De Capeyron roge à Nostre Dame de
Ronssevaux et au Borguet qui est prés
d'aqui.. iiij. lieues.

Du Borguet à la Rosonhe............... v. lieues.

De le Rossonhe à Pampalone........... iij. lieues.

De Pampalone au Pont le Royne...... v. lieues.

Du Pont le Royne à Lestelle.......... iiij. lieues.

De Lestelle als Arcos.................. iiij. lieues.

CASTELLE.

Dels Arcos al Grunh.................... v. lieues.

Du Grunh à Navarret................... ij. lieues.

De Navarret à Nagere.................. iij. lieues.

Et davant ceste place, ha un grant champ moult
lonc et ample où le Prince de Gales, duc de Guienne,
fils du bon roy Edoart, qui avoit en sa compaignie de
moult belle chevallerie et escuierie de Guascons, et
d'autres d'Angleterre, gueagne le bataille et esconffit
le roy Enric; et mist en possession le roy Pedro de
tout le royaume d'Espaigne, comme roy droyturier.

De Nagere à Sainto Domingo de le Calssade : iiij. lieues,
auquel lieu avint une foix jadis ung grant miracle.

C'est assavoir que ung pelerin et sa femme aloient à Saint Jaques et menoient avec eulx ung filz qu'ilz avoient, moult bel enfant. Et en l'ostelerie où ilz logérent la nuyt, avoit une servente qui se cointa dudit enfant moult grandemant et pour ce qu'il n'eut cure d'elle, si fut grandemant indignée contre luy. Et le nuyt, quant dormoit, elle entra en sa chambre et mist une tasse d'argent de celles de l'ouste en son échirpe. Et lendemain matin quant le père et mère et filz se levérent, tindrent leur chemin avant, et quant furent passés le ville, le servente dist asson mestre que une tasse estoit perdue et que lez pélerins qui léans avoient couchié, la devoient avoir emblé. Et tantost l'ouste fist aler aprés eulx savoir s'il estoit ainssi; et lez aperseurent ben une lieue loing, et disrent s'ilz avoient eu une tasse? Et ilz distrent que non, ne pleust à Dieu, car ils estoient bons vrays pélerins, et jamès ne feroient telle malvestie. Et ceulx ne les voloient croire ains serchiérent premièremant le père et le mère et ne trouvèrent riens; et puis vont serchier l'enfant et trouvarent le tace en l'eschirpe où le servente l'avoit mise. De quoy les pélerins furent moult esbays; et alérent tourner l'enfant en le ville et là menèrent à le justice. Et fut jutgié estre pendu, de quoy le père et mère eurent grant deul, mez pourtant ne demourerent aler leur pélerinatge à Saint Jaques; et puis s'en tournarent en leur païs, et vont passer audi lieu de Santo Domingo et alérent au gibet pour veoir leur enfant pour prier Dieu pour son ame. Et quant ilz furent bien près se prindrent forment à plourer. Et l'enfant fut tout vif et leur vayt dire que ne menassent deul, car il estoit vif tout sain. Car depuis qu'ilz partirent, ung preudhomme l'avoit tout dis soustenu par les piés que n'avoit eu nul mal. Et encontinent ils s'en alèrent au jutge, disant qu'il luy pleust fère descendre du gibet leur enfant, car il estoit vif. Et le jutge ne le vouloit jamès croire pour ce que estoit impossible. Et tout jour plus fort le père et mère afermer qu'il estoit ainxi; et le jutge avoit fait aprester son disner où il avoit en l'aste au feu ung coli et une geline qui rosti estoient. Et le jutge vayt dire qu'il creyroit ainxi tost que celle poulaille de l'aste que estoit près cuyte, chantessent, comme que celluy enfant fusse vif. Et encontinent le coli et le jaline sordirent de l'aste et chantérent. Et lors le jutge fut moult merveillés et assembla gens pour aler au gibet. Et trouvérent qu'il estoit veoir, et le mirent à bas sain et vif. Et il ala compter comme il ne savoit riens de le tace et comme le chambrier l'avoit prié. Et ycelle fust prise et comffessa le vérité, qu'elle l'avoit fait pour ce qu'il n'avoit voulu fere sa voulenté; et fut pendue. Et encore ha, en l'eglize, ung coli et une jéline de le nature de ceulx qui chantérent en l'aste davant le jutge; et je lez ay veuz de vray, et sont toux blancs.

De Sainto Domingo à Vilefranque..... vij. lieues.

De Vilefranque à Burgos. .... viij. lieues.

ESPANHE.

De Burguos à Formelhos............ iiij. lieues.

De Formelhos à Castrosiris........... iiij. lieues.

De Castrosiris à Fromesta........... v. lieues.

De Fromesta à Carrion............. iiij. lieues.

De Carrion à Safagon............. viij. lieues.

De Safagon à Manselhe............ viij. lieues.

LÉON.

De Manselhe à Léon.............. iij. lieues.

De Léon au Pont de l'Aygua......... vj. lieues.

De Pont de l'Eue à Astorgue........ iij. lieues.

De Astorgue à Ravanello........... v. lieues.

GUALICIE.

De Ravanello à Pont Ferrado........ viij. lieues.

De Pont Ferrado à Cacanelhos....... iij. lieues.

De Cacanelhos à Travadello.......... iiij. lieues.

De Travadello à la Fave............. iiij. lieues.

De le Fave à Triquestele............ vj. lieues.

De Triquestele à Sarrie............. iiij. lieues.

De Sarrie à Porto Marin............. iiij. lieues.

De Porto Marin à Palays de Roy...... vj. lieues.

De Palays de Roy à Melid........... iij. lieues.

De Melid à Doas Casas.............. vj. lieues.

De Duas Cazas à Saint Jaques........ iij. lieues.

SAINT JAQUES.

De Saint Jaques à Salhemane, pour aller
à Nostre Dame de Finibus terre........ iiij. lieues.

De Salhemana à Maronhas............ iij. lieues.

De Maronhas à Nostre Dame de Fini-
bus terre............................ viij. lieues,
lequelle est au port de le mer, et de là en avant l'en
ne trouve plus terre; auquel lieu fait de beaux miracles
et y a une grant montaigne où est un hermitatge de
Saint Guilhames du désert..

NOSTRE DAME DE FINIBUS TERRE.

LE RETOUR.

De Finibus terre à Noye............... ix. lieues.

De Noye al Patron................... iiij. lieues.

C'est ung lieu onquel monseigneur saint Jaques arriva d'outre mer, où lez Sarrazins couppe le teste; et vint en une nef de pierre le chief et le corps séparés l'un de l'autre, tout seul, sans autre chouse, et j'ay veu le nef à le rive de le mer.

LE PATRON.

Du Patron à Saint Jaques............... iiij. lieues.

De Saint Jaques à Ferreyres............ v. lieues.

De Ferreyras à Melid................. iiij. lieues.

De Melid à Porto Marin................ ix. lieues.

De Porto Marin à Sarrie............... iiij. lieues.

De Sarrie à le Fontfira............... vij. lieues.

De Fontfira à Travadello.............. viij. lieues.

De Travadello à Cacanelhos............ iiij. lieues.

De Cacanelhos à Molines............... iiij. lieues.

De Molinas à Ravanello.............. vj. lieues.

De Ravanello à Astorgua............ v. lieues.

De Astorgue au Pont de l'Aygua...... iiij. lieues.

Du Pont de l'Aygua à Leon.......... vi. lieues.

De Leon à Borinelho................ vij. lieues.

De Borinelho à Saffagon............ iiij. lieues.

De Saffagon à Carrion.............. viij. lieues.

De Carrion à Fromesta.............. iiij. lieues.

De Fromesta à Castro Siris.......... v. lieues.

De Castro Siris à Burguos........... viij. lieues.

De Burguos à Vilefranque........... viij. lieues.

De Vilefranque à Vileforat.......... ij. lieues.

De Vileforat à Sainto Dominguo....... iiij. lieues.

De Sainto Dominguo à Nagere........ iiij. lieues.

De Nagere al Gronh................ v. lieues.

Du Gronh als Arcos................ v. lieues.

Dels Arcos à Lestelle.............. v. lieues.

De Lestelle au Pont le Royne........ iiij. lieues.

Du Pont le Royne à Pampalone....... v. lieues.

De Pampalone au Borguet........... viij. lieues.

Du Borguet au Capeyron roge........ iiij. lieues.

Du Capeyron roge à Saint Jehan de Pedez
portz................................ iij. lieues.

De Saint Jehan à Hostanach......... iiij. lieues.

De Hostanach à Sauvaterre.......... iiij. lieues.

De Sauvaterre à Hortés............   iij. lieues.

De Hortés à Saut de Noalhas........   ij. lieues.

De Saut à Orgons.................   iiij. lieues.

De Orgons à Ɔurffort...............   ij. lieues.

De Durffort à Roqueffort............   v. lieues.

De Roquaffort à Caumont...........   ix. lieues.

Finito libro sit laus gloria Cristo. A. M. E. N.

Qui scripsit istum librum ad Deum vadat unum et ternum ubi laus et gloria in seculorum cantantur secula.

FERM CAUMONT.

NOMS D'HOMMES ET DE PEUPLES.

A

ABIBON, fils de Gamaliel et martyrisé avec lui ; sa sépulture, 69.

ADAM, 17.

ADRIANE, Ariadne, fille de Minos, 42.

ALAREBS, Arabes, 58.

ANNE. (*V.* SAINTE ANNE.)

ARAGON (le roi d'), Alphonse V, 35.

ARCHAMBAUD. (*V.* MOTE.)

ARIMACIAS. (*V.* JOSEPH.)

ARNAUT. (*V.* CAUMONT.)

ARNAUT. (*V.* SAINTE COULOMME.)

B

BAFFOMET, Mahomet, 48.

BERTRAN. (*V.* CHASTEL.)

BONELLES (Gonsalvo de), écuyer du seigneur de Caumont ; accord qu'il fait avec lui pour l'accompagner dans son voyage, 13.

BOQUÈRE, BUGUERE (Michel), patron du navire sur lequel le seigneur de Caumont s'embarqua à Palerme pour Barcelone, 110, 118.

C

D

E

F

FERRIER (François), autre patron du même navire, 32.

FERRIOL (Jean), scribe qui copia le voyage du seigneur de Caumont, 136.

FOIX, Jean de Grailly, comte de Foix : le seigneur de Caumont lui confie, en partant pour Jérusalem, sa femme, ses enfants et le gouvernement de ses terres pendant son absence, 9; il conseille au seigneur de Caumont de s'embarquer plutôt à Barcelone qu'à Venise, 27.

G

GALHARDET. (V. TOZEUX.)

GALLES (le prince de), Edouard, fils d'Edouard III, roi d'Angleterre, vainquit Henri de Transtamare à Najera, 143.

GAMALIEL, disciple de Jésus-Christ, sa sépulture, 69.

GAUBERT. (V. NAUDONET)

GUASSION. (V. CAUSÉR.)

GUILLEM Ier, roi de Sicile (1154-1166), sa sépulture, 113.

GUILLEM II, fils du précédent (1166-1189), son tombeau, 113. (V. SAINT LOUIS.)

GONSALVO. (V. BONELLES.)

H

HECHILLES, Achille, fils de Thétis et de Pélée, 78.

HELEYNE, HELLEYNE, Hélène, femme de Ménélas, 40.

HÉLIE, Elie, le prophète, lieu de sa naissance, 71.

HELM. (V. SAINT-ELME.)

HERMINE, Armenie, 79.

HERMINIS, Arméniens, 53.

HÉRODES, 53; sa maison, 64, 72.

HÉTÉNÉSIENS, Athéniens, 42.

I

J

L

M

S

> Tout ce que, relativement à saint Louis, on attribue ici aux rois Guillaume Ier et Guillaume II de la dynastie normande, est une fable des moines de Montréal. Les deux Guillaume régnèrent de 1154 à 1189, par conséquent près d'un siècle avant la mort de saint Louis. Charles d'Anjou, alors roi de Sicile, qui avait accompagné ce prince au siége de Tunis, rapporta son corps à Montréal, et la maison d'Aragon, qui s'empara peu après du trône de Sicile, à l'exclusion de la maison d'Anjou, n'a produit aucun roi du nom de Guillaume.

Tezeu, Thésée, 42.

Tozenz ou Tozeux (Galhardet de), écuyer du seigneur de Caumont, chargé de gouverner ses terres en son absence et
de veiller sur sa femme et sur ses enfants, 10; témoin de
l'accord avec ses écuyers, 15.

V

Venessiens, Vénitiens, 41, 88.
Vénus, son temple, 40; 41, 45.

Z

Zacharie, un des douze petits prophètes; sa sépulture, 67.
Zacharie, mari de sainte Elisabeth et père de saint Jean-
Baptiste; sa maison, 53, 72; 73.

NOMS DE LIEUX.

A

Agen, capitale de l'Agenois.

Agenois, petit pays appartenant à la Guyenne.

Aguosta, Agosta, château et ville de Sicile.

Alchedemac, Haceldama, *champ du sang*, parce qu'on l'acheta des trente deniers reçus par Judas pour avoir vendu Jésus-Christ.

Alcudie, Alcudia, petite ville de l'île de Majorque.

Alexandrie, grande cité d'Egypte.

Allem. (V. *Notre-Dame* d'.)

Allemagne. (V. *Notre-Dame* d'.)

Antioche (la grande), ancienne capitale de la Syrie.

Antioche (la petite᾿, ville maritime de la Turquie d'Asie, en face de la côte occidentale de Chypre.

Aquaram ou *Caram*, île déserte entre Falconaire et la côte de la Morée.

As, roc désert, situé dans l'Archipel, près de Cérigo.

Arabe, Arabie.

Aragoce, Raguse, bourg de Sicile, voisin de Modica.

Arcos, los Arcos, petit bourg de Navarre.

Arcepellec, Arcepellee, Archipel, grand golfe de la Méditerranée parsemé d'îles nombreuses.

Asfa en Fora, Arfa, dans la Cerdagne espagnole, sur les limites du val d'Andorre.

Avinhonet, Avignonet, petite ville du département de la Haute-Garonne.

Ax en Savartes, chef-lieu de canton, arrondissement de Foix, (Ariége).

B

Babyloyne, Babylone.

Baffa, ancienne Paphos, petite ville sur la côte occidentale de Chypre.

Baga, Bagna, bourg de la Cerdagne espagnole.

Balceran, Balcerein, Valserany, village de Catalogne, sur le Llobregat.

Barberie, Barbarie.

Bastida, la Bastide de Céron, chef-lieu de canton (Ariége).

Bastide, château voisin d'Andorre, Cerdagne espagnole.

Bazadès, Bazadais, contrée de la Guyenne.

Bendique, tour située en Sicile, sur la côte, entre le cap Passaro et Syracuse.

Berbeguières, Berbiguieres, château près de Sarlat (Dordogne).

Berga, Bergua, bourg de Catalogne.

Betanie, Bethanie, bourg de Judée.

Bétanie (la seconde), lieu où saint Jean a baptisé Jésus-Christ.

Bellem, Bethléem.

Bighorre, Bigorre, contrée confinant à l'Aragon, au Béarn et à l'Armagnac.

Borinello, Brunello, village sur l'Elza, province de Léon.

Borguet, Burgarte en Navarre, entre Pampelune et Saint-Jean-Pied-de-Port.

Bouque-Deffar, Boca de Faro, bouche du Phare ou détroit de Messine.

Boules, Porto-Bota, port et ville sur la côte méridionale de Sardaigne.

Buffalvent ou *Buffavent*. (V. *Leonde*.)

C

Cabre, Caurea ou *Caurera*, petite île dépendante de la Morée, entre Venético et Sapience.

Cacanelhos, village de la province de Léon.

Cacomo, île déserte près des côtes de l'Asie-Mineure.

Caille, Cagliari, capitale de la Sardaigne.

Cailles, Porto-Quaglie, port de la Morée, situé près du cap Matapan.

Calabrie, Calabre.

Calassibete, Calatassibeta, petite ville de Sicile, dans la vallée de Noto.

Calatagironne, bourg de Sicile, vallée de Noto.

Calemes, château fort, arrondissement de Foix (Ariége).

Caloquirane, île déserte de l'Archipel, entre Stampalie et Nitzere.

Calus, Caslus, château en Catalogne entre Terruella et Suria.

Cambrils, château du comté de Cardone, en Catalogne.

Candera, Candara, Cantara, château sur la côte septentrionale de Chypre.

Canelles, château de la vicomté de Castelbo, en Catalogne.

Canillo, village de la vallée d'Andorre.

Capeyron Roge, village situé sur les confins des deux Navarres.

Capharneum, Capharnaüm, village maritime de Syrie, célèbre par la guérison du centurion Corneille.

Capou Passar, cap Passaro, à la pointe méridionale de la Sicile.

Cappo Guaille, cap Gallo, en Morée, à l'entrée du golfe de Coron.

Caram. (V. *Aquaram*.)

Carbonnaire. (V. *Sainte Marie.*)

Cardone, ville de Catalogne entre Solsona et Manresa.

Carol, château, Cerdagne espagnole.

Carpas, Carpasia, petite ville sur la côte septentrionale de Chypre.

Carqui. (V. *Saint Nicolas de Carchi.*)

Carrion, petite ville de la province de Léon.

Carsin, Carssin, Quercy, province de France, en Guyenne.

Casères, Cazères, arrondissement de Mont-de-Marsan (Landes).

Casserras, village de Catalogne entre Vallserani et Berga.

Castro Johan, Castro Giovanni, ancienne Enna, vallée de Noto, en Sicile.

Castrosiris, Castroxeris, bourg de la province de Burgos.

Castroy, localité antique près Calatassibette, en Sicile.

Catala Boutoro, Calatavuture, château entre Polizzi et Termini, en Sicile.

Catanie, Catane, en Sicile.

Caumont, château et ville sur la Garonne, arrondissement de Marmande.

Caumont, château et village, arrondissement de Saint-Girons (Ariége).

Cédron, torrent de Judée qui se jette dans la mer Morte.

Cerdagne, Cerdeigne, l'île de Sardaigne.

Cervellon, village de Catalogne entre Barcelone et Molins del Rey.

Cessile, Sicile.

Chaque, Sciacca, ville sur la côte de Sicile.

Chasteau Cullier, Castelculier, arrondissement d'Agen (Lot-et-Garonne).

Chasteau de la Candera. (V. *Candera.*)

Chasteau de Fer et d'Au, situé sur la côte d'Asie, vis-à-vis de Rhodes.

Chasteau Franc, château du roi de Chypre, près de Nicosie.

Chasteau Gallin, Castel Galli. village de la Catalogne, entre Montserrat et Manresa.

Chasteau Geleux, Castel-Jaloux (Lot-et-Garonne).

Chasteau Hemans, Emmaüs, bourg de Judée, où se fit la Cène.

Chasteau Navarres, Navarin, en Morée, situé sur une montagne près du port de Joux.

Chastelbon, Castelbo, vicomté en Catalogne.

Chastelneuf, Chastelnuef, Castelnau des Mirandes, près de Sarlat (Dordogne).

Chastelnuef, Castelnaudurban, canton de Saint-Girons (Ariége).

Chastelnuef d'Arri, Castelnaudary.

Chatce ou *Chatze,* ville entre Calatagirone et Calatavuture, en Sicile.

Cheffallonie, Céphalonie, l'une des îles Ioniennes.

Cheremont, Chiaramonte, bourg de la vallée de Noto, en Sicile.

Chérines, Cérines, château et port au nord de l'île de Chypre.

Chicle, château de Sicile, entre Ressequaram et Poussaillo.

Chief, cap. (V. *Ressequaram, Crieu, Matapan, Saint Ange, Passaro, Taulat,* etc.)

Coffres, deux îles rocheuses et désertes de l'Archipel, entre Stampalia et Piscopia.

Collbaton, Colbeton, Collbeto, village et château sur la route de Montserrat, en Catalogne.

Coll de Jau, montagne confinant à la Cerdagne et à la Catalogne.

Colquos, île située en face de Tarses, sur la côte de l'Asie-Mineure.

Corron, Courron, Coron, ville de la Morée, sur le golfe du même nom.

Crestiane, Christianes, deux petites îles de l'Archipel, situées entre Santorin et Candie.

Cret, île de Crète, aujourd'hui Candie.

Crieu, Crio, cap de l'Anatolie.

Ciudat, Ciutat, château et bourg sur les frontières de la Catalogne.

Cuille, petite ville à la pointe orientale de la Sicile.

D

Dax. (V. *Ax*.)

Das, bourgage de la Cerdagne espagnole.

Doas Casas, en Gallice, entre Mellid et Santiago.

Durfort, *Durafort*, Duhort, village, arrondissement de Saint-Sever (Landes).

E

Endorre, Andorre, vallée des Pyrénées, Cerdagne espagnole.

Entioche. (V. *Antioche*.)

Enquant, Encamp, village de la vallée d'Andorre.

Escampon, Estampon, petite rivière qui se jette dans la Douze (Landes).

Escandeleur, Candeloro, ville de la côte de la Turquie d'Asie, à l'est du golfe de Satalie.

Escandeye, Standia, petite île de l'Archipel, près de la ville de Candie.

Eschalette, Scaletta, château de la côte orientale de Sicile, à l'entrée du détroit de Messine.

Esclafena, Sclafani, château près de Termini, en Sicile.

Escuells de Saint Paul, îlots de l'Archipel sur les côtes de la Turquie d'Asie.

Escuells ou *Esquellz provenssal*, Echelle provençale, île déserte sur la côte de la Turquie d'Asie, en face de Chypre.

Esmarencs, Merens, sur l'Ariége.

Espacaforno, Spacaforno, château situé entre Porto di Palo et Modica, en Sicile.

Espareguieres, Esparaguera, village, en Catalogne.

Espital Sainte Suzanne, l'Hospitalet, village aux confins de la France et de la Catalogne.

Estampaig, quartier de Cagliari.

Estampaleys, Stampalie, île de l'Archipel.

Etna. (V. *Bolquam*.)

F

Falconayre, île de l'Archipel, entre Milo et le golfe de Napoli
de Morée.

Famagouste, l'une des principales villes de l'île de Chypre.

Fave (*la*), Lafaba, province de Léon.

Fer et d'Au. (V. *Chasteau de*.)

Ferfine, Serphino, l'une des îles Cyclades.

Finibusterre, Notre-Dame du Finisterre, bourg situé en Galice
sur le cap le plus avancé dans l'Océan occidental.

Foix, ville et comté de Foix.

Formelhos, Hormillos, village de la vieille Castille, près Burgos.

Fouhana, Favognana, île de la côte occidentale de la Sicile.

Fromesta, Fromista, bourg de la province de Palencia.

G

Genevois, Génois.

Genois, Agenois.

Ger, bourg de l'arrondissement de Pau (Basses-Pyrénées).

Gergent, Girgenti, l'ancienne Agrigente, sur la côte méridionale
de la Sicile.

Gerico, Jéricho.

Gresse, Grèce.

Grisolles, chef-lieu de canton, arrondissement de Castel-Sarrasin (Tarn-et-Garonne).

Grunh, Logrono, ville de la Vieille-Castille.

Guascoigne, *Guasconhe*, Gascogne.

Guatz, monastère situé en Chypre.

Guavata, Gavata, cap sur la côte méridionale de Chypre.

Guolizano, Golisano, bourg et château dans la vallée de De-
mona, en Sicile.

H

Hastilimurre, château et ville de la Turquie d'Asie, entre
Sachim et Antioche (la petite).

Hagetman, Hagetmau, chef-lieu de canton, arrondissement de
Saint-Sever (Landes).

Hortès, Orthès (Basses-Pyrénées).

Hostanack, Ostabat, arrondissement de Mauléon (Basses-Pyrénées).

I

Istimil, île déserte de l'Archipel, entre Serphino et Ormouyi.

J

Japhe, Jaffa.

Jassenton, Zante, l'une des îles Ionniennes.

Jordeyn, *Jordain*, Jourdain.

Jous, *joux*, port de Navarin, sur la côte occidentale de la
Morée.

L

Lac, Lacq, village, arrondissement d'Orthès (Basses-Pyrénées).

Lanc de Hoc, Languedoc.

Lanemesan, chef-lieu de canton de l'arrondissement de Bagnères-
de-Bigorre (Hautes-Pyrénées).

Languo, Lango, île dépendante de Rhodes, près du cap Crio.

Laplane. (V. *Plane.*)

Lauregues, Lauragais, petit pays qui tire son nom du château de Laurac, près de Castelnaudary.

Laxenello, château et bourg près de Golisano, en Sicile.

Lescar, ville épiscopale, arrondissement de Pau.

Lestelle, Estella, petite ville de Navarre.

Leonde. Laonda, petit port sur la côte septentrionale de Chypre.

Lescures, bourg, canton de Saint-Girons (Ariége).

Levenque, golfe de Morée situé entre les caps Matapan et Saint-Ange.

Lidie, Lidda, ancienne ville de Judée, entre Jaffa et Jérusalem.

Lieuquate, Alicata, ville de Sicile, à l'embouchure du Salzo.

Limotges, Limoges.

Livian, château du comté de Cardone, en Catalogne.

Lobregat, Llobregat, rivière de Catalogne.

Lodoze, la Douze, rivière (Landes).

Lombars (le château des), près Calatassibeta, en Sicile.

Loparto, abbaye près de Montréal, en Sicile.

Lordat, château fort près Tarascon (Ariége).

Lou, île rocheuse de l'Archipel.

M

Malsie, Maleye. (V. *Matapan.*)

Malhorque, Mallorque, Majorque, la plus grande des îles Baléares.

Malvoysin, Mauvezin, canton de Lannemezan (Hautes-Pyrénées).

Manreza, petite ville de Catalogne.

Manselhe, Mancilla, village de la province de Léon.

Marcée (tour de la), Marza, près du cap Passaro, en Sicile.

Marempne, Marepne, Maretimo, île à la pointe occidentale de Sicile.

Marguon, Amorgo ou Morgo, petite île de l'Archipel, entre Naxia et Stampalia.

Maresme. (V. *Marempne*.)

Maronhas, village de Gallice.

Marquet, château près de Syracuse.

Marsaille, *Marsalls*, Marsala, ville sur la côte occidentale de Sicile.

Marssan, vicomté dont le siége était Mont-de-Marsan.

Masières, Mazères, arrondissement de Pamiers (Ariége).

Matapan, cap le plus méridional de la Morée.

Matzare, Mazzara, ville sur la côte occidentale de la Sicile.

Maynes, Mania, cap à l'entrée du golfe de Coron, en Morée.

Melid, petite ville de Gallice, province de Santiago.

Menorque, Minorque.

Mertorell, Martorel, bourg de Catalogne, au confluent de la Noya et du Llobregat.

Metapain. (V. *Matapan*.)

Meyane, échelle; groupe des îles de l'Archipel, entre l'échelle du Nord et celle du Midi.

Meque, la Mecque.

Mijour, échelle du Midi; îles méridionales de l'Archipel.

Miramont, bourg, arrondissement de Saint-Gaudens (Haute-Garonne).

Mirrée, Mira, ville antique, en Turquie d'Asie.

Modique, Modica, château et ville, vallée de Noto, en Sicile.

Molin de Rech, petite ville près de Barcelone.

Molle, le Môle, château fort au détroit de Messine, en Sicile.

Monserrat, pèlerinage célèbre à la Vierge, en Catalogne.

Montdession, *mont Dession*, mont de Sion.

Montgaillard, bourg, arrondissement de Foix (Ariége).

Montjoye, village près de Saint-Girons (Ariége).

Montréal, ville et château, près de Palerme.

Mores, village de Chypre, entre Famagouste et Nicosie.

Mourée, *Moureye*, Morée.

N

Nagere, Najera, ville de la Vieille-Castille.

Namphi, île de l'Archipel, dans la mer de Candie.

Napoli, Naples.

Napolle, nom d'un quartier de Cagliari.

Narago, Nargo, château de la vicomté de Chastelbon, en Catalogne.

Navarret, bourg de la Vieille-Castille, entre Najera et Logrono.

Nicossie, Nicosie, capitale de Chypre.

Nitzere, île dépendante de Rhodes.

Nixie, duché et ville, ancienne Naxos, dans l'Archipel. possédée alors par les Ganuts, nobles vénitiens.

Notre Dame d'Allem, dépendance de Castel-Sarrasin.

Notre Dame de Finibusterre. (V. *Finibusterre.*)

Notre Dame de Monserrat. (V. *Monserrat.*)

Nuye, île déserte de l'Archipel, près de la Morée.

Nyeu, Nio, petite île de l'Archipel, située entre Naxie et Santorin.

Nyl (v. l'*Errata*), Milo, île de l'Archipel.

O

Orguenhe, Organya, petite ville de Catalogne.

Ormouyl, île déserte de l'Archipel, entre Intimil et Nuye.

Ospital de Sainte Suzanne, l'Hospitalet, petit village, canton d'Ax (Ariége).

P

Palays de Roy, village de Gallice.

Palermo, Palerme.

Palme Solz, Palma di Soltz, île située près du golfe de Palma, en face de Porto-Bota, côte méridionale de la Sardaigne.

Pals, Porto di Palo, port situé près du cap du même nom, au midi de la Sicile.

Pamies, Pamiers (Ariége).

Pampelona, capitale de la Navarre espagnole.

Panaye, île déserte de l'Archipel, entre Milo et Serphino.

Pantanallée, Pantaleone, petite île sur la côte occidentale de la Sicile.

Perles, Perlas, village sur les limites du comté de Cardone, en Catalogne.

Philermo (V. *Puy*.)

Pierregore, Périgord.

Pimorent, Pimorens, passage des Pyrénées, sur les frontières de France et d'Espagne, entre l'Hospitalet et le château de Carol.

Pintodatol, château fort en Calabre, au détroit de Messine.

Pipi, petite île dépendante du duché de Naxie.

Piscopeie, Piscopia, île de la mer de Scarpento.

Plane, Piano, île de l'Archipel, entre Standia et Scarpento.

Pointis, bourg, arrondissement de Saint-Gaudens (Haute-Garonne).

Polens, place forte, près de Lazanello, en Sicile.

Policandron, petite île de l'Archipel, voisine de Milo.

Polissi, ville de Sicile, au midi oriental de Termini.

Polymo, Polino, petite île de l'Archipel, entre Siphanto et Milo.

Pont de l'Aygua, bourg situé entre Astorga et Léon.

Pont Ferrado, Ponterrada, province de Léon.

Pont la Reine, Puente la Reina, petite ville de Navarre.

Porto Marin, village de Gallice, province de Lugo.

Port Sainte Marie, petite ville de l'Agenois.

Poussaillo, château de la côte méridionale de Sicile, entre Chycle et le cap Passaro.

Pratz, Prat Bon-repaus, bourg, arrondissement de Saint-Girons (Ariége).

Predent, île déserte à l'entrée du golfe de Crète.

Provençale. (V. *Escuells.*)

Puich Sardain, Puicerda, capitale de la Cerdagne espagnole.

Pujols, Pigols, château de la vicomté de Chastelbon, en Catalogne.

Puyon, Puyo-le-plan, arrondissement de Mont-de-Marsan.

Q

Quirane, île. (V. *Coloquirane.*)

Quorron, Coron, en Morée.

Qurc, Curco, ville maritime de la Turquie d'Asie, en face de Chypre.

R

Rames, Rama, ville de Judée, entre Samarie et Jérusalem.

Raupa, *Château et Golfe*, Castel Rampano, en Morée, sur le golfe Rampano, aujourd'hui golfe de Colochina.

Ravanello, village de Gallice, entre Astorga et Ponterrada.

Rejols, Rheggio, ville de Calabre, au détroit de Messine.

Ressequaram, cap de la côte méridionale de Sicile, entre Terranova et Chycle.

Riumont, Rimont, petite ville, canton de Saint-Girons (Ariége).

Roddes, *Rodez*, Rhodes, île de la Méditerranée.

Rog, Château Rouge, situé sur la côte de la Turquie d'Asie, entre les Sept-Caps et Saint-Nicolas de Morrée.

Roncevaux, village célèbre par le mort de Rolland, en Navarre.

Roquaffort, Roquefort, chef-lieu de canton (Landes).

Roquet (le), château de la vicomté de Chastelbon, en Catalogne.

Rosohne (la), Larrassana, village de Navarre.

S

Sachim ou *Sachin*, ville de la Turquie d'Asie, près d'Hastilimurre.

Sadarcet, Cadarcet, village du canton de Labastide-de-Seron
(Ariége).

Saffagon, Sahagun, village de la province de Léon.

Saint Andrieu ou *Andrief*, cap à l'extrémité orientale de
Chypre.

Saint Angel, cap Saint-Ange, en Morée.

Saint Gauzens, Saint-Gaudens (Haute-Garonne).

Saint Hellie, église sur un cap de Sicile, près de Cagliari.

Saint Hillarion, château en Chypre.

Saint Jacques de Compostelle, Santiago, capitale de la Gallice;
fameux pèlerinage.

Saint Jehachim, monastère au désert de Judée.

Saint Jehan de la Castelle, hameau de la commune de Duhort
(Landes).

Saint Jehan Pedes Portz, Saint-Jean-Pied-de-Port.

Saint Jolyan, bourg, Cerdagne espagnole.

Saint Lezer, Saint-Lizier, chef-lieu de canton, arrondissement
de Saint-Girons (Ariége).

Saint Martin, village (Aude).

Saint Nicholas du Carqui, Carchi, île voisine et dépendante de
Rhodes.

Saint Nicolas de Morrée, château près de la ville de Mirrée,
dans la Turquie d'Asie.

Saint Palays, chef-lieu de canton (Basses-Pyrénées).

Saint Paul. (V. *Escuells*.)

Saint Pierre, l'une des îles Chélidonies, à l'entrée du golfe de
Satalie.

Saint Pierre, San Pietro, île située sur la côte méridionale de
la Sardaigne.

Saint Pierre de Brèze, San Pietro d'Abrera, village de Catalogne près de Martorel.

Saint Pierre d'Our, San ⁀ lor, village de Catalogne sur le Llobrégat.

Saint Piphani, cap à la pointe occidentale de l'île de Chypre.

Sainte Marie de Carbonaire, Carbonara, cap avec un port et une église célèbre, à l'entrée du golfe de Cagliari, en Sardaigne.

Santo Domingo de la Calzada, ville de la Vieille-Castille.

Salhemane, village de Gallice.

Santo Mauro, petite place près de Lazanello, en Sicile.

Sapience, île dépendante de la Morée, en face de Modon.

Saragosse, Saragosse, Syracuse, ancienne capitale de la Sicile.

Sardaigne, Cerdagne, petit pays partie dans la Catalogne et partie dans le département des Basses-Pyrénées.

Sardeigne, Sardaigne.

Sarrie, Surria, village de Gallice.

Satallie, ville et golfe de l'Anatolie, côte de Caramanie.

Saut de Noahlas, Sault-de-Navailles, canton d'Orthez (Basses-Pyrénées).

Sauvaterre, Sauveterre (Basses-Pyrénées).

Scarpento, île de l'Archipel entre Candie et Rhodes.

Segor, ville située au midi de la mer Morte, où Loth se retira en fuyant de Sodome, et qui fut préservée de la destruction.

Seguillo, Cérigotto, île située entre Cérigo et Candie.

Semyes, Symia, île située dans le golfe du même nom, près des côtes de l'Anatolie.

Semy, lisez *Servi*. (V. *Servo*.)

Senturion, Santorin, île de l'Archipel.

Séridoine, cap et île de Chélidonie, côte de la Turquie d'Asie.

Servo, Servi, île située à l'entrée du golfe de Colochina, en Morée.

Seticaps, les Sept-Caps, côte de l'Anatolie, à l'ouest de Rhodes.

Setvill, Cérigo, ancienne Cythère, l'une des sept îles Ioniennes.

Seu d'Urgel, petite forteresse en Catalogne, près des frontières de France.

Sicandron, petite île de l'Archipel, voisine de Policandro.

Siloë, vallée et fontaine célèbre de la Judée.

Sitharée, Cythère, aujourd'hui Cérigo.

Sollento, château près de Palerme.

Solsona, ville de Catalogne, sur la rivière du même nom.

Suria, village de Catalogne.

T

Tabermynes, Taormines, ville et château, sur la côte orientale de Sicile.

Tamphaines, *Tamphanies*, îles Strivali, appelées aussi Stamfanes, mer Ionienne.

Tarascon, ville sur l'Ariége, arrondissement de Foix.

Tarba, Tarbes (Hautes-Pyrénées).

Taulat, cap Teniada, à l'extrémité méridionale de la Sardaigne.

Taurinhac, Taurignan-Castel, canton de Saint-Lizier (Ariége).

Terminiaig, château près de Syracuse.

Termes, Termini, petite ville de Sicile à l'embouchure du Termini, non loin de Palerme.

Terre Nove, Terra Nuova, ville de Sicile, vallée de Noto.

Tersson, Tarsous ou Tarses, ville située près du golfe du même nom, sur la côte de la Caramanie.

Tolcuze, Toulouse.

Tonys, Tunis.

Toro, île rocheuse, côte méridionale de la Sardaigne.

Torroelle, Tarruella, village de Catalogne.

Tornay, Tournay, chef-lieu de canton, arrondissement de Tarbes (Hautes-Pyrénées).

Trapena, Trapani, ville et port, côte occidentale de Sicile.

Trasmontanes ou *Trasmontanes*, échelle composant le groupe septentrional de l'Archipel.

Travadello, Travadelos, province de Léon.

Triquestelle, Trascaltela, village de la province de Lugo, en Gallice.

U

Urgons, village, canton de Gaunes, arrondissement de Saint-Sever (Landes).

V

Valentin, Valentine, arrondissement de Saint-Gaudens (Haute-Garonne).

Vaqua, Vaca, montagne de Sardaigne, voisine de l'île de Palma di 3oltz.

Vedel (*le*), roche au milieu de la mer.

Venetiquo, Venetico, île située à l'extrémité occidentale du golfe de Coron.

Fileforal, bourg situé entre Villafranca et Santo Domingo de la Calzada.

Vilefranque, Villafranca, bourg de la province de Burgos.

Villenavete, Villeneuve, arrondissement de Saint-Gaudens (Haute-Garonne).

Villeneuve, Villenove, Villa Nova, quartier de la ville de Cagliari.

Viro, île déserte sur la côte d'Asie, non loin du cap Crio.

Volquam (*montagne de*), Etna, en Sicile.

Y

Ybos, arrondissement de Tarbes (Hautes-Pyrénées).

Yuisse, Yuissie, île de la côte occidentale de Sicile, près l'île Favognana.

GLOSSAIRE.

A

A, à, a, y a, il y a.

A, en, avec, contre, près, auprès.

Abandonnement, don, largesse.

Abesonher, abesoigner, avoir affaire à, combattre.

Abiller, habiller, préparer.

Abillement, préparations.

Abondons, abondant.

Abre, arbre, mât.

Absoille, absolle, absolve.

Acelle, celle.

Achater, acheter, procurer.

Acommis, commis.

A contre, en contre.

Acort, acourt, accord.

Ademonder, demander.

Adhunc, adonc, alors.

Adober, radouber, réparer.

Adormir, s'endormir.

Advocade, avocat.

Afermer, affirmer.

Affeccion, appréhension.

Affectuosament, affectueusement.

Affère, à fère, à faire.

Affiner, à finer, à finir.

Affons, à fond.

Afforce, à force, par force.

Ahonré, ahouré, honoré, adoré.

Ahurter, heurter.

Aignel, agneau.

Aillors, ailleurs, alors.

Aincoys, ainsies, avant, jusqu'à ce que.

Ains, mais.

Ains que, avant que.

Ainssi, ainxi, ainsi.

Ajouster, réunir, rassembler, approcher.

Ajude, aide.

Ajuster, se préparer, réunir.

Al, au.

Alegrer (s'), se réjouir.

Alevant, à l'avant, en avant.

Alongner, éloigner.

Allotger, loger.

Ally, à lui.

Almirail, amiral.

Alwigner, s'éloigner, s'écarter.

Ambedeux, tous les deux.

Amblé, enlevé, volé.

Ambolle, fiole.

Amendeir, amender, changer, améliorer.

Aministrer, administrer, servir, ordonner, régir.

Amoderé, modéré, prudent.

Ample, large.

Amprès, après.

Anel, anneau.

Angel, ange.

Anuy, à nuy, pendant la nuit.

Ans, en.

Apaier, payer.

Aperdi, perdu.

Apointemens, conventions, traité.

Apourter, enlever.

Apparellés, préparée.

Apparer, apparaître.

Appoisimée, appaisée.

Aproufiter, profiter.

Aqui, ici, alors, voici.

Aquitté, délivré, affranchi.

Arbalestre, arbalête.

Arche, voûte.

Arder, brûler.

Ariver, suivre le courant, longer la rive.

Arme, âme.

Armeure, armure.

Arrayzin, raisin.

Arréer, préparer, équiper.

Arque, coffre, arche.

Arx, arche.

Asne, âne.

Aspis, aspic.

Assa, à sa.

Assauvacion, à sauvacion.

Assauvement, à sauvement.

Assavoir, à savoir.

Assayé, essayé.

Assertanés, certains, assurés.

Asseur, en sûreté.

Assigié, assis.

Asson, à son.

Assourer ou *azourer*, adorer.

Aste (haste), broche, bois de lance.

Atempté, attenté.

Aubre, arbre, mât.

Aucun, nul, un, quelqu'un, quelque.

Auder, oser.

Aue, eau.

Aust, août.

Auter, autel.

Auxi, aussi.

Auzel, oiseau.

Avalhées, descentes.

Avant, à veuir, plutôt.

Avantatjose, avantageuse.

Avenir, arriver.

Ay, a.

Ayre, air.

Ayssi, ici.

B

Babtizer, baptiser.

Bandiere, bannière, pavillon.

Barat, tromperie, dol, fraude.

Barche, barque.

Barinte (le ; labyrinthe.

Bars, bière.

Beineuré, bienheureux.

Benoit, béni, saint.

Berge, verge.

Bestiars, bestiaux.

Bolquam, volcan, Vulcain, l'Etna.

Bonetes, bonnettes, petites voiles.

Borgade, bourg, bourgade.

Bouque ou *boque*, bouche.

Bouter, mettre.

Bouté, voûté.

Brace, brasse.

Branqu, branchu.

C

Cairé, carré.

Caixette, cassette.

Caixon, caisse.

Calanger, demander, assigner, disputer.

Calogères, caloigres, moines grecs.

Camoix, chamois.

Camp, champ.

Campane, cloche.

Caranteyne, Carenteine, quarantaine, Carême.

Carraque, barque, caravelle.

Caruelé, carrelé, assorti, disposé comme des carreaux.

Cas, événement.

Cassidoine, Calcédoine, agate d'un blanc laiteux.

Ce, se, si, si ce n'est.

Cenon, sinon.

Cell, cet, cels, ces.

Celluy, s'il lui.

Cellon, selon.

Ce nest, si ce n'est, excepté.

Cenestre, senestre.

Centure, ceinture,

Centurion, centurion, centenier.

Cepulture, sépulture.

Cervis, cerfs.

Ces, ses.

Cessi, ceci.

Cest, ce, cet, ces.

Ceu, ce.

Chargier, charger.

Chasteau, chastel, château, galerie d'un navire.

Chaut, de chaloir, importer, se soucier, se mettre en peine.

Chaytive, malheureux, misérable.

Cheille. (V. Cheir.)

Cheir, tomber.

Cherra, tombera.

Chescun, chacun.

Chestivèce, malheur, misère.

Chevenière, chènevière.

Chevirons, chevrons.

Cheroir, finir, recevoir.

Chey. (V. Cheir.)

Chier, cher.

Chierement, chèrement.

Chief, chef, tête, sommet, chapiteau, cap, bout, extrémité.

Chière, tête, face, figure, chère, chière pr chière, face à face, vis-à-vis.

Chiet. (V. Cheir.)

Chieutres, chèvres.

Chivellier, chivellerie, chevalier, chevalerie.

Chivaucher, chevaucher.

Chouse, chose, cause.

Cintée, ceinte.

Cintes, ceinture, bande.

Cipté, cité.

Claustre, cloître, couvent.

Cler, clair, rare, illustre.

Cloucher, clocher.

Cogiter, penser, réfléchir.

Cogneirent, de cognoistre, connaître.

Cointer, s'éprendre.

Coli, coq, volaille.

Colloient, de coler (colère), servir, honorer.

Columpne, colonne.

Combatement, combat.

Comme, que.

Comffès, confessé.

Complains, plaintes.

Cumplie, remplie.

Compter, conter.

Comvint, il fut convenable, nécessaire.

Conceil, conceiller, conseil, conseiller.

Concluire, conclure, examiner.

Conclusi toutes choses, toutes choses conclues, tout bien examiné.

Condapner, condamner.

Confermée, confirmée.

Conjoins, réuni; adv. joint que, ajoutez que.

Conquester, conquérir.

Conquistée, conquise.

Conrégir, diriger.

Consols, consuls, conseillers, officiers.

Constre, contre, près de.

Conte, comte.

Conter, compter.

Confisant, confiant.

Cordell, corde.

Corregir, corriger.

Corrosié, courroucé.

Cort, cour.

Costumes, coutumes, mœurs, habitudes.

Coue, queue.

Coulpa, coulpe, coups, faute.

Courne, cornue, vase de terre.

Cousi, ainsi.

Coustatge, frais, dépense.

Cousté, côté.

Coustière, cousté, côte, rivage.

Couverte (en), couvertement, secrètement.

Cranallé, crénelé.

Croistier, croître.

Cuer, cœur, chœur.

Cugnent, de *cuigner*, frapper.

Cui, à qui.

Culhier, cueillir.

Cure, souci, soins.

Custode, le ciboire et son couvercle.

Cuydier, croire.

Cy, voici.

D

Daine, daim.

Dalfin, dauphin.

Dampner, dapner, damner, condamner.

Darde, dard.

Davaler, dévaler, descendre.

Davant, devant.

Deable, diable.

Débrisé, brisé, ruiné.

Dechéant, décroissant, diminuant.

Déclarer, signifier, prononcer.

Décoler, décapiter.

Decollacée, fête de la Décollation de saint Jean-Baptiste.

Deffallimens, fautes.

Deffar, de fare, de fer.

Deffaute, défaut, faute.

Deffere, défaire.

Delis, délices.

Della, dela, de là.

Demanties, endementies que, dans le temps que, pendant que.

Demostrer, demonstrer, démontrer, montrer.

Demourée, demeure, séjour.

Denuncier, dénoncer, désigner publiquement, appliquer.

Dens, dans, dedans.

Departement, départiment, départ, séparation.

Départi, partagé, divisé.

Derrier, derrenier, dernier.

Desaise, peine.

Descaint, éteint.

Descharrier, décharger, tomber.

Deschaux, sans chaussure, déchaussé.

Descomfourté, decouragé, abattu.

Desconceillé, privé de conseils.
Desconsollé, désolé, affligé.
Desduyt, récréation, plaisir.
Désemparer, abandonner.
Desfere, défaire.
Deshordenné, désordonné.
Desobiassence, désobéissance.
Despasti, débâti, démoli.
Desplée, déployée.
Despuller, dépouiller.
Dessa, de çà, ici-bas.
Dessa, de sa.
Dessen, descend.
Dessenpartir, séparer.
Dessenterer, déterrer.
Dessi, de si, d'ici.
Dessiavant, dorénavant.
Dessipres (de sipres), de cyprès.
Desso, de ce.
Desson, de son.
Dessoy, de soi.
Dessoupartir, séparer, dégager.
Destre, *dextre*, droit, droite.
Deu, du.

Deudit, dudit.
Devise, devise, emblème.
Deyvent, *de dever*, devoir.
Dir, dire.
Disner, dîner.
Disposet, disposait.
Displeisance, déplaisir, peine.
Disenys, désunit.
Dissipé, épars, dispersé, ruiné.
Distrent, dirent.
Divise, devise.
Diz, jours.
Dobtance, *doubtance*, *doubte*, crainte, appréhension.
Docturer. (V. *Droyturier*.)
Doint, *dont*, de donner, donne.
Domatge, dommage.
Domatgier, endommager.
Drappeles, langes.
Droyturier, juste, équitable, légitime.
Duel, chagrin, affliction.
Du tout, tout à fait.

E

Effrée, effrayé.
Egeussant, exauçant.
Ella, elle là.
Embler, voler.
Emendement, amendement, changement.
Emperière, impératrice.
Emprès, après.
En, avec, dedans, on.
Enbarchier, embarquer, embarquement.
Enchartrer, emprisonner.
Enchaux, chasse, poursuite.
Encontenant, incontinent.
Encontrer, choquer.

Encontre, *encontrée*, choc, rencontre.
Encloustrée, enfermée.
Encluge, enclume.
Endemain, lendemain.
Endressé, adressé, instruit, dirigé.
Enfains, enfants.
Enfermerie, infirmerie.
Enfourmé, informé.
Engoice, *engoysse*, angoisse.
Enluminer, rendre la vue.
Emprand, *d'enprendre*, entreprendre.
Enquore, encore.
Enséquent, en suivant.

184 GLOSSAIRE.

Enssa (en çà), jusqu'ici; *de* LX *ans enssa*, depuis 60 ans.

Ensse, en ce.

Ensuire, poursuivre, terminer.

Ensuité, d'*ensuire*.

Entention, intention.

Enteriner, parfaire, accomplir.

Entiégrement, entièrement.

Entours, autour.

Entreférir, s'entre-choquer.

Entriquade, *intriquade*, d'*intriquer*, embrouiller.

Entroions, entrions.

Epistoles, épîtres.

Equa, cavale, jumeut.

Ergull, orgueil.

Es, en, dans.

Esbays, ébahis.

Escalons, *eschalons*, escaliers, degrés.

Eschamper, échapper, couler, sortir.

Eschassement, *eschessement*, à peine, tant soit peu.

Escheles, *escuelz*, échelles, groupes d'îles.

Eschirpe, écharpe, poche suspendue au col.

Escondre, cacher.

Esconffire, défaire, déconfire.

Escouty, secoué.

Escuierie, réunion d'écuyers.

Escure, obscure.

Esfreir, refroidir.

Esmovemant, agitation, trouble.

Espandre, répandre.

Espargnier, épargner.

Espavant, épouvante, effroi.

Espaventé, épouvanté.

Especial, spécial, particulier.

Esperit, esprit.

Espes, épais.

Espessement, dru, avec, épaisseur.

Espit, esprit.

Espital, hôpital.

Espirituelle, spirituelle.

Esqu, écu.

Esquels, lesquels.

Esta, est.

Estancher, retenir, absorber.

Estatue, statue.

Estiomps, étions.

Estorier, exécuter.

Estre, *ester*, se maintenir, persévérer.

Estoys, étaie.

Estrema, d'*extremar*, quitter (espagnol).

Eu, j'eus.

Eue, eau.

Eulle, huile.

Eure, heure.

Evangelis, évangiles.

Evennent, arrivent.

Evoyr, ivoire.

Exident, accident.

Explicit, mot latin pour marquer la fin d'un livre, c'est-à-dire *ci finit*.

Exploier, employer.

Expousé, exposé.

Eyde, aide.

F

Faisses, fasses, subjonctif du verbe faire.

Fama, *fame*, femme.

Fares, ferez.

Fauldroie, de *faillir*, manquerait.

Farger, forger.

Faroit, ferait.

Faude, robe, tablier, giron.

Fausit, *faussit*, fallut.

Faut, manque.

Feire, faire.
Fenicent, de *fenir*, finir, mourir.
Fere, faire,
Férir, frapper, toucher.
Ferm, ferme.
Ferut, de *férir*, frappa.
Fet, *fette*, fait, faite.
Feurrier, février.
Fie, fis.
Fiss, fidèle.
Fi-jè, *fi-ge*, fis-je, dis-je.
Flama, flamme.
Foce, fosse.
Foix, fois.
Fondit, de *fondre*, renverser, rompre.

Fortune, orage, tempête.
Fors, excepté, hors, seulement.
Fors, forts.
Fortalesses, forteresses.
Fouïr, fuir.
Fourme, forme.
Foyals, féaulx.
Francolin, oiseau peu différent de la perdrix.
Fresquet, frais.
Fu, fut.
Fulgre, *fulgur*, foudre.
Fuscelluy, fut-ce lui.
Fustalge, boiserie, mâture.
Fustes, bois, mât, vaisseau.
Fuy, fut.

G

Gallée, galère, vaisseau.
Ganivet, coutelas.
Gardir, garder.
Geagner, gagner.
Geline, poule.
Generacion, race.
Genier, janvier.
Gent, nation, troupe.
Geter, jeter.
Giet, jet,
Govern, gouvernail, guide.
Gré, degré.
Greigneur, plus grand.
Greppe, *grepie*, crèche.
Greyn, graine.

Grief, grave, douloureux.
Grin, grain, chapelet.
Guascon, Gascon.
Guatz, *gatz*, chats.
Guayner, gagner.
Guayte, *gueyt*, guet, sentinelle.
Gueredon, récompense.
Gueredonné, récompensé.
Gueyne, gaîne, fourreau.
Guières, *guierres*, guère.
Guiere, guerre.
Guisal, guise, manière.
Guolf, golfe.
Gustes, de *guster*, sentir, goûter.

H

Ha, à, a, il y a
Haultesse, hauteur.
Hay, il y a.
Hayliez, gai, joyeux.
He, et.

Hediffiamens, édifices.
Helle, elle.
Heretier, héritier.
Hermin, *herminis*, Arménien
Hermiten, ermite.

Heus, eus, d'avoir.
Heut, eut.
Hi, hy, y.
Ho, ou.
Hom, homme.
Hostende, ostende, **impératif d'ostendere.**

Houstel, hôtel.
Houstinité, obstination, persévérance.
Huellz, huille, œil.
Hurt, choc.
Huy, aujourd'hui.

I

I, y.
Icell, icest, ce, cet.
Illeques, là, en ce lieu.

In, y, en ce lieu.
Instituí, institué.
Instituisse, institue.

J

Ja, déjà, plus, jamais.
Jaline, jeline. (V. *Geline*.)
James, jamais, plus.
Jangleurs, jongleurs.
Jassoit que, jaçoit que, quoique, bien que.
Jeffuy, je fus.
Jenier, janvier.

Jeu, j'eus
Jouste, près.
Joye, objet précieux, joyau.
Julhet, juillet.
Juner, jeuner.
Jus, sous.
Jutge, juge.
Juyntes, jointes.

L

Là, lorsque, dès que.
Labour, peine, travail.
Lairron, larron.
Laixssier, laisser.
Landier, espèce de chenet.
Lassen, là s'en.
Lassier, laisser.
Le, la.
Leditte, ladite.
L'en, on, l'on, lui, en.
Lengors, douleurs.
Lepostre, l'apôtre.
Lequels, lequelle, laquelle.

Lessier, laisser.
Lessus, là sus, là haut.
Levadisse, plance levadisse, pont-levis.
Lever, prendre, porter.
Leveugle, l'aveugle.
Leyne, laine.
Li, y, lui.
Liens, céant, là.
Lieva, leva.
Lieupart, léopard.
Liez, content, joyeux.
Linaige, lignage.

Lis, lits.
Lombas, louveteaux.
Lonc, long.
Long, loin.
Longes, longues.

Longtain, lointain.
Lotgement, *lotgis*, logement.
Ly, lui, à lui, à elle.
Lyn, lin.

M

Machacollée, avec des machicoulis.
Mais, plus.
Majorement, principalement, à plus forte raison.
Majour, majeur.
Males, mauvaises.
Maligne, malin.
Mallecieux, malicieux.
Malvaix, mauvais.
Malveztie, *malvestie*, méchanceté.
Manche, sac conique pour filtrer.
Maquanit, mécanicien, architecte.
Marches, régions, rivages.
Marturizé, martyrisé.
Marvesie, Malvoisie, vin de Candie.
Maugré, *à maugré*, malgré.
Maul, mauvais, mal.
Mein, main.
Mein, moins, à moins, sans.
Meilleur, mieux.
Meison, *mezon*, *meson*, maison.
Melede, *mellade*, malade.
Membrer, se ressouvenir.
Mendre, moindre, inférieur.
Meneur, mineur.
Mercivi, remerciai.
Merévillé, émerveillé.
Meryne, marine, rivage.
Mes, mais, malgré, avant.
Meschances, mauvaises chances, malheur.
Mescler, mêler.
Mesolle, moëlle.
Messongiers, messagers.
Mestier, emploi, charge, besoin.

Mestre, maître.
Meuchief, malheur, accident.
Meulx, mieux.
Meyn, main.
Miencolie, mélancolie.
Migues, miettes,
Misérent. *mistrent*, mirent.
Moitte, *moille*, femme.
Molis, moulins.
Molent, moulent.
Molu, moulu.
Moncoyent, moqnaient.
Mondein, moudain.
Monestir, *monestire*, monastère.
Monges, moines.
Montance, valeur, distance, hauteur.
Morous, *Mouros*, Maures.
Mostier, moutier.
Mostrer, montrer.
Mot. (V. *Molt*.)
Moton, mouton.
Moy, me.
Mueray, de *muer*, changer.
Muert, meurt.
Munte, monte.
Murette, muraille.
Musa, cacha, de *musser*.
Musier, moitié, milieu.
Musique, mosaïque.
Musquet, musc.
My, milieu, moitié.
Mye, jamais, pas.
Mye, amie.
Myres, médecins.

N

Nabarinte, labyrinthe.
Naville, navire.
Ne, ou, et, ni, si, non, en.
Nef, neige.
Nege, neige.
Nen, ni, ne, on ne.
Nesqui, naquit.
Nessay, ne sais.
Nessen, ne s'en.
Nesset, ne sait.
Nesun, aucun, nul.
Nez, nés.

Nient, néant.
Noelles, nouvelles.
Nomp, nom.
Norri, nourri.
Nostres, nos.
Nottifique, notifie.
Noveleté, innovation.
Novème, neuvième.
Nuef, neuf.
Nulle, quelque.
Nuytz, nuit.

O

Obcurté, obscurité.
Obli, oubli.
Oblier, oublier.
Obrée, travaillée.
Obrir, ouvrir.
Olivet, olivier.
Omaing, humain.
Ome, homme.
On, on, avec, où, à, ont.
Ondrances, honneurs.
Onques, *onqz*, jamais.
Ont, où.
Ordenie, ordonne.
Ordenne, ordonné.
Ordes, ordres.
Oreison, oraison, prière.
Orendroit (or·en-droit), dès à pré-
    sent, dorénavant, à présent,
    alors.
Ores, maintenant.
Orguines, orgues.

Orgull, orgueil.
Ortolen, jardinier.
Osse, os, ossements.
Ossire, *ossit*, occire, occit.
Ostel, hôtel, maison.
Ostroyer, octroyer.
Ourdenné, ordonné, mis en ordre,
    rédigé.
Ourdre, ordre.
Ourer, *orer*, prier.
Ouser, *ouzer*, oser.
Oussi, aussi.
Oussit, occit, d'occire.
Ouste, hôte.
Oustel, maison.
Ouster, ôter.
Oustour, autour, faucon.
Outroyer, octroyer.
Ouvre, œuvre.
Ouvré, travaillé.
Oyez, ouïes, entendues.

P

Paier, payer.

Païs, pays.

Pais, paix.

Palènc, palanque, palis, palissa-
des.

Palme, paume, mesure.

Palms, palme.

Panser, pansser, penser.

Panell, pennon, flamme.

Paour, peur.

Papa, pape.

Par, part.

Par, pour, par.

Parbouilli, entièrement bouilli.

Pardix, perdrix.

Pardu, perdu.

Pareil, parel, paire, couple.

Parfere, parfaire.

Parffin, fin.

Paroy, paroi.

Part soy, à part soi.

Part, par.

Part dessa, par deçà.

Partide, parti.

Partir, se rompre, se diviser.

Partûs, ouverture, pertuis.

Pas, passage, moment.

Pauzer, poser.

Payne, peine.

Pene, penne, éminence.

Per, en, par.

Per, père.

Per, égal, pareil.

Perdonnance, pardon.

Perdurable, éternel, continu.

Perprise, domination étendue.

Perre, pierre.

Pers, persse, bleu foncé tirant sur
le noir.

Peschié, pêché.

Pignaillez, rayé, bariolé.

Pinacle, sommet.

Pint, peint.

Plance, planche.

Pleyt, lieu où l'on juge les procès.

Poblé, peuplé, multiplié.

Poet, pouvait.

Poissant, puissant.

Porfedo, porfido, porphyre.

Porge, porche.

Porient, pourraient.

Porres, pourrez.

Port, col, passage.

Postre (le), l'apôtre.

Pouent, puent, peuvent.

Pouer, pouvoir.

Pour, par.

Pourcoy, pourquoi.

Pourtreur, représentation, figure.

Pourtraire, peindre, représenter.

Pouser, poser.

Pouvresse, pauvreté.

Poy, peu.

Poysson, poisson.

Peregrinacion, pèlerinage.

Preguiere, prière.

Premier, premièrement, aupara
vant.

Près, après.

Principez, principautés.

Prins, pris.

Print, prit.

Primevere, printemps.

Priont, profondément, loin.

Procedisse, sort.

Prodomie, prudence, sagesse.

Promission, promesse.

Propoux, propos, dessein.

Proprie, propre.

Provedis, s'approvisionne.

Prousomoyent, présumaient.

Proux, preux.

Pruffit, profit.
Pueple, peuple.
Puet, pu.

Puirent, purent.
Puy, colline, éminence.
Puyons, pouvions.

Q

Quairé, carré.
Quant, quand, autant que, combien.

Quart, *quarte*, quatrième.
Querre, quérir, chercher.
Que, qui.

R

Rachater, racheter.
Ramps, *rams*, rameaux.
Ratourner, retourner.
Réaume, royaume.
Récéput, *récépurent*, reçut, reçurent.
Recorru . de *recourir*, préserver, sauver, retirer.
Recrouva, recouvra.
Redempt, racheter.
Redoubté, redouté, à qui l'on doit du respect.
Reffretour, réfectoire.
Refresquer, rafraîchir.
Regalisse, réglisse.
Regiment, conduite, direction, gouvernement.
Regnes, royaumes.
Regrassier, rendre grâce.
Remembrament, *remembrance*, mémoire, souvenir.
Renc, rang.
Rengues, rangs, rangées.
Renompmée, renommée.
Renx, rangs.
Reond, rond.
Repors, rapports.

Repoux, repos.
Rescansser, se retirer, se reposer.
Rescondit, cacha.
Resemus, racheté.
Resestir, résister.
Résidentment, sur les lieux.
Resplendens, resplendissant.
Rettenir, retenir, mettre à profit.
Reteur, recteur, curé.
Retraire, se retirer, s'éloigner.
Reveller, réveiller.
Revironné, environné.
Riens, choses.
Rieu, ruisseau.
Riuseau, ruisseau.
Rivere, rivière.
Robin, rubis.
Rochete, petite roche.
Rodder, rouler.
Roe, roue.
Roge, rouge.
Roluisans. reluisants.
Romans, histoire, livre.
Rouberie, vol, pillage.
Royalme, royaume.
Rozé, roseau.

S

Sa, ça.

Sabatier, sabotier

Sain, saint.

Sains, sans.

Sainté, santé.

Suinture, ceinture.

Sal, sel.

Saut, saute, jaillit.

Sauvacion, salut.

Sauvement, sain et sauf, sans
    danger.

Sauvoizines, animaux sauvages.

Savances, connaissances.

Savast, de saver, savoir, sut.

Savatge, sauvage.

Scarlate, écarlate.

Se, si, ce, ces.

Sees, scie.

Seel, sel.

Seer, scier.

Sees, sais.

Seignal, preuve, témoignage.

Seguont, suivant, selon.

Sel, ce.

Selluy, celui.

Semblance, ressemblance.

Sempmene, semaine.

Senache, cénacle.

Sens, sans.

Sepellie, ensevelie.

Sercher, serchier, chercher.

Serement, serment.

Serf, cerf.

Sertayn, certain.

Sesser, cesser.

Setmaine, semaine.

Seu, ce.

Seul, seuil.

Seveli, enseveli.

Sevest, sauvage.

Seyne, saine.

Si comme, antant que.

Siel, ciel.

Siens, en ceci.

Sière, cire.

Siest, siet, est situé.

Sietge, siége.

Sieux, cieux.

Signer, ceindre.

Sinq, cinq.

Sions, soyons.

Siprès, cyprès.

Sipté, cité.

Siri, cierge.

Sobre, sur.

Soffla, souffla.

Solas, consolation, plaisir.

Soleinpnianment, solennellement

Solle, sol.

Solliel, soleil.

Somer, fixer, régler.

Sopper, souper.

Sordirent, sourdirent, sortirent.

Sorvenir, survenir.

Soubdaynement, soudainement

Soubde, soudain.

Soudain, soudan.

Souffisans, suffisant, capable.

Soumiers, bêtes de somme.

Souparé, séparé.

Sourdoit, sordoit, de sourdre.

Soutil, adroit, habile.

Soydeyn, soudan.

Stele, stelle, étoile.

Stet, il est, il demeure.

Sua, sa.

Suel, seul.

Suer, sœur.

Suyant, suivant.

Suzaire, suaire.

T

Tables, tables, planches.

Tace, tasse.

Taillant, tallant, disposition, affection, désir.

Tallé, taillé.

Tant, tante, si.

Tantost, aussitôt.

Tarde, délai, lenteur.

Targe, écu, bouclier.

Te, toi.

Tele, telle, toile.

Tenuy, tendroie, tenist, de tenir.

Terce, tierce.

Terrien, terrestre.

Test, testu, tête.

Tiel, tel; par tiel, pour que.

Tierce, troisième.

Tière, terre.

Tigneux, teigneux.

Tinel, salle commune, vestibule.

Tiriague, thériaque.

Torchon, torche.

Tornejant, tournoyant.

Torner, tourner, retourner.

Tosdiz, tousdiz, tousdiz, toujours.

Tout, du tout.

Toye, tienne.

Tracion, trahison.

Tracté, traité.

Tramettre, transmettre, envoyer.

Traves, travers, traves que, pendant que.

Treitz, traits.

Trenqua, trancha.

Trère, tirer.

Très, si très, tellement.

Tres, trois.

Tresque, jusque.

Tret, trait.

Treuntatge, tribut, péage.

Trevail, travail, labeur.

Triboilloit, de tribouiller, agiter, tourmenter.

Tribulleye, tribulations, afflictions.

Triet, trait.

Treuill, treuil.

Turpe, taupe.

Tymon, timon, barre de gouvernail.

U

Uis, huis, porte.

Unes, plusieurs.

Unne, une.

Usatge, usage.

V

Vaill, vallée.

Vant, vent.

Vausist, valut.

Veessel, vase.

Veir, voir.

Vel, on.

Vendroit, viendrait.
Venent, venant.
Venrre, *venrra*, viendra.
Venrredi, vendredi.
Ventrailles, entrailles.
Veoir, voir.
Vermeillié, vermeil, rouge.
Vert, vers.
Vespre, veille, soir.
Vestiment, vêtement.
Vetade, rayée.
Veugle (le), l'aveugle.
Vezins, voisin.
Vien, bien.
Vierre, vivre.

Vigne, vienne.
Viollé, violet.
Vitailles, vivres, aliments.
Voir, vrai.
Voleu, voulu.
Voloit, voulait.
Voulenté, volonté.
Vouller, voler (terme de fauconne-
    rie), chasser au vol
Voulor, vouloir.
Voulsit, voulut.
Vouzisse, voulusse.
Voys, *voyx*, je vais, je vas.
Vuyt, vide, privé de.

Y

Y, ici, là.
Yfussent, y fussent.
Yffui, y fus.
Ysles, *yllez*, îles.
Yssi, ici.

Ystorier, exécuter.
Ystories, histoires.
Yver, hiver.
Yvernage, saison d'hiver.

FIN

Ce présent Livre fut achevé d'imprimer

le XXV MARS M DCCC LVIII,

à Evreux, par A. HÉRISSEY,

pour A. AUBRY, libraire

à Paris.

www.ingramcontent.com/pod-product-compliance
Lightning Source LLC
Chambersburg PA
CBHW070617100426
42744CB00006B/512